新版
社会的選択理論への招待
投票と多数決の科学

坂井豊貴

日本評論社

はじめに

　多数決という言葉の響きには、多数派の意見を重視しようという方針が強く認められる。しかし目的と手段が異なる概念であるのと同様に、方針と実現の間にも大きな隔たりは存在する。果たして多数決の結果は多数意見を反映しているのだろうか。この問題はおそらく多くの人々が暮らしの中で感じたことがあり、またどのように考えればよいか適切な思考方法を持たない類のものだ。多数決、およびより広く意思集約というものについて考えるための言語を与えること。それを通じて優れた意思集約の方法を探索し、どのような意思集約がどこまで可能か論理の境界を見極めること。本書が目指すのはそのようなことだ。

　単純に多数決を行うことへの疑義を促す、ひとつの例を挙げてみよう。よく知られている通り、アメリカは二大政党制の国で、4年に一度行われる大統領選挙では民主党と共和党の候補が接戦を繰り広げる。2000年の選挙においては、民主党はアル・ゴアを、共和党はジョージ・W・ブッシュを候補としており、世論調査を見る限りはゴアが勝利を収めるはずであった。ところが物語はそう単純ではない。ラルフ・ネーダーが第三の候補として参戦を決め、それに伴いゴアに行くはずの票のいくらかがネーダーに流れることになったからだ。結果としてブッシュは史上稀に見る激戦を制し、大統領の座に就くことになった。ブッシュとゴアは多くの政策や政治姿勢において対極的な候補であった。2001年に同時多発テロ事件が起こったこと

を考えれば、泡沫候補ネーダーの存在はその後の世界情勢に少なからぬ影響を与えたと言えるだろう。

多数決がこうした「票の割れ」に対して脆弱であること、すなわち本来選ばれるべき選択肢を上手く選び取れないことは、少なくとも 200 年以上前に、パリ王立科学アカデミーの学者ボルダとコンドルセにより鋭く指摘されていた。ボルダとコンドルセは多数決に代わる方法を考案し、それはまた「本来選ばれるべき選択肢」が何であるかについての考察を伴うものであった。歴史的には彼らの研究は、数理分析を用いる社会科学の黎明期の一端を担っている。そしてその「担われた箇所」は現在、社会的選択理論と呼ばれる学問領域を形成している。本書はボルダとコンドルセの議論から地続き的に社会的選択理論を解説する。

ボルダとコンドルセから「地続き的」であることは、単に学問の出発点から現在の研究動向までを紹介する、ということを意味しない。彼らの議論は、今なお社会的選択理論とその関連分野に重大な論点を与えており、それらの理解無しに現在の学問のあり方を適切に把握することはできない。本書は彼らの議論を整理して検討し、現在への学問的影響を意識したうえで、当該分野の重要成果とものの考え方について説明する。社会的選択理論は難解なイメージを持たれることが多いが、学問の黎明期から眺めると、随分と鮮明に現代の学問像を見渡すことができる。こうした学び方は人間の思考の流れに最も自然に沿うものであり、本書を読むのに特段の予備知識は一部を除いて必要ない。それゆえ読者を初学者に想定したうえでタイトルに「招待」と付けた次第である。

新版の刊行にあたって

本書の旧版は 2013 年に刊行され、幸いにも当該分野の標準テキストとしての地位を得た。その後こうして新版を刊行するに至った理由は主に二つある。

一つ目は、旧版刊行時にはまだ注目されていなかったマジョリティ・ジャッジメント（MJ）について加筆したいと考えたことだ。MJ は社会的

選択理論家のバリンスキとララキが考案し、2010 年代に分析が進んだ画期的な意思集約の方法である。私は 2019 年に ALIS というブロックチェーンのコミュニティで MJ を活用するプロジェクトに関わり、その秀逸さを実感した。しかし学びやすい教材が日本語にも英語にもなく、自分で用意しようという気になった。

　二つ目は、社会的選択理論の実用先にオンライン店舗で商品を評価するレーティングが加わったことだ。旧版執筆時には、私はそのような実用を漠然と想像するだけで、実行できてはいなかった。しかしその後、私は起業した会社でレーティング方式の設計を事業化し、実用の経験を重ねてきた。選挙制度の設計を主な考察の対象としてきた社会的選択理論は、いまやオンライン市場に新たな居場所を見付けている。

　旧版は時事的なテーマをいくつか扱っていたが、時が経つにつれ古びて見えるものも現れたので、それらの記述は削除した。細かな変化は他にも色々あるが、比較的大きな加筆として、二択の多数決を公理化するメイの定理がある。

目次

はじめに   i

序章   本書の案内   1

  1   構成 …………………………………………………………………… 1

  2   特徴 …………………………………………………………………… 3

  3   補足 …………………………………………………………………… 4

第 1 章   問題の出発点   7

  1.1   ボルダルールを巡って ……………………………………………… 7

   1.1.1   ボルダルールの提案 ………………………………………… 7

   1.1.2   ボルダ勝者と過半数投票者 ………………………………… 12

   1.1.3   ボルダルールの戦略的操作 ………………………………… 16

  1.2   コンドルセの考察を巡って ………………………………………… 17

   1.2.1   コンドルセと一般意志 ……………………………………… 17

   1.2.2   二択問題における多数決の優位性 ………………………… 25

   1.2.3   ペア比較とそれへの批判 …………………………………… 28

   1.2.4   コンドルセの最期とその後 ………………………………… 30

第 2 章   正しい選択への確率的接近   33

  2.1   陪審定理 ……………………………………………………………… 33

  2.2   開票後に多数派の判断が正しい確率 ……………………………… 40

  2.3   最尤法による「真の順序付け」の探求 …………………………… 42

第3章	ボルダルールの優越性	49
3.1	ボルダルールと他のルール ……………………………………………	49
3.2	全員一致までの近さ …………………………………………………	53
3.3	ペア比較における平均得票率の最大化…………………………………	56
3.4	ペア全敗者を選ばない唯一のスコアリングルール………………………	58

第4章	政治と選択	63
4.1	単峰的順序とペア全勝者の存在 ………………………………………	63
4.2	実証政治理論と中位投票者定理 ………………………………………	68
4.3	中位ルールと戦略的操作 ……………………………………………	69
4.4	ボルダルールについての補足…………………………………………	75
4.5	オストロゴルスキーとアンスコムのパラドックス……………………	76
4.6	64パーセント多数決と改憲 …………………………………………	78
4.7	ギバード=サタスウェイト定理 ………………………………………	81

第5章	ペア比較の追求	89
5.1	アローの博士論文……………………………………………………	89
5.2	設定 …………………………………………………………………	91
5.3	アローの不可能性定理………………………………………………	93
5.4	アローの不可能性定理の証明………………………………………	98
5.5	満場一致性を用いない不可能性定理 ………………………………	104
5.6	単峰性のもとでの可能性定理………………………………………	105
5.7	二択の多数決の公理化………………………………………………	109

第6章	社会厚生	113
6.1	社会厚生基準…………………………………………………………	113
6.2	レーティングへの応用………………………………………………	123
6.3	アローの不可能性定理ふたたび ……………………………………	126
6.4	自由主義のパラドックス ……………………………………………	129

第7章	マジョリティ・ジャッジメント	133
7.1	絶対評価の集約………………………………………………………	133
7.2	是認投票 ……………………………………………………………	134

7.3	マジョリティ・ジャッジメント ………………………………	135
	7.3.1 グレードによる絶対評価 …………………………	135
	7.3.2 中位グレード ………………………………………	138
	7.3.3 中位グレードの比較 ………………………………	141
	7.3.4 マジョリティ・ジャッジメントへの戦略的操作…………	143
	7.3.5 複数の項目への評価 ………………………………	145

おわりに 149

引用文献 151

索引 159

序章

本書の案内

1 構成

　本書はタイトルが指し示す通り、社会的選択理論に読者を招待すること
を目的とする、この分野の入門書である。ただし筆者としてはそれ以上の
何かが達成できており、それが本書を社会科学の一作品として成立せしめ
ていることを願っている。読者として想定するのは全くの初学者だ。一部
の箇所を除いて予備知識は必要としていない。随所に学史的な記述を散り
ばめたが、これはそれ自体の興味深さのためだけでなく、学問理解の助けに
なると考えてのことだ。

　第1章ではアンシャン・レジーム末期のフランスで展開された、ボルダと
コンドルセによる議論を整理して紹介する。具体的にはボルダの論文につ
いて解説を行い、コンドルセによる議論のうち特に興味深いものを抜粋し、
また比較的近年の研究との関係について述べる。この章は議論の出発点を
与えると同時に、本書で扱う問題の核心に触れるものだ。歴史的記述も多
く、また数学的な難度を極力抑えたので、多くの読者にとって読みやすいも
のと思われる。この章はルソーの一般意志との関連についても述べており、
広い層の読者に興味を持ってもらえることを期待している。

　第2章ではコンドルセが展開した統計学的な議論について扱う。これら
は内容としては第1章に入っていてもおかしくないが、統計学的な議論が

不得手な読者もいると予想するので、この章で全てまとめておいた。ここで扱う陪審定理は、その重要性の割に普及が進んでいないものであり、筆者の知る限り、丁寧な証明が与えられた解説は他に存在しない。この章においてのみ、確率に関する基礎的な知識を前提とする。それに不慣れな読者は、慣れるまで学習するか、次章まで読み飛ばせばよい。

　第3章では多数決の代替案として、ボルダルールが望ましいという議論を展開する。ボルダルールに対しては、他の代替案無しで安易な批判をする者が少なくないが、ここで述べる肯定的な議論を踏まえていないものが多い。この章の議論は主に1970年代になされたものだが、専門家の間でさえも十分に認知されているとは言い難く、再評価がなされてよいものだと筆者は考えている。難度で言えば、この章は第2章よりは大分簡単である。

　第4章では政治と選択をテーマに議論を進める。ダンカン・ブラックは単峰性という条件が成り立つときはペア全勝者が存在することを発見した。この発見は中位ルールという優れた集約ルールの存在を可能にするが、この存在は単峰性下の社会的選択の大きな魅力である。中位ルールの発見は社会的選択理論の目覚ましい発展を促すばかりか、社会科学全般に強いインパクトを与え、少なくとも実証政治理論とメカニズムデザインというふたつの新たな学問領域を生み出すきっかけとなった。この章は戦略的操作に関するギバード=サタスウェイト定理を除くと、ほぼ「読み物」のように書かれており、第1章から途中を飛ばして第4章を読むことも可能である。ただし本章で与えるギバード=サタスウェイト定理の証明は図解によるもので、理解は難しくない。

　第5章ではケネス・アローが考案した二項独立性という条件を中心に論じる。コンドルセはペアごとに選択肢を比較することにこだわったが、アローはその姿勢を徹底追求して、二項独立性という条件を定式化して議論を展開した。アローは、一般には二項独立性を尊重しきることはできないという不可能性定理と、単峰性が成り立つときにはその不可能性が回避できるという可能性定理をともに示した。本書では有権者数と選択肢数がともに3であるケースについて詳細な証明を与える。こうした内容を学ぶ際

のハードルとなるのは論理と集合に関する知識だが、それらが無くとも読めるよう記述したつもりだ。

第6章では社会状態の良し悪しを判定する基準である、社会厚生基準について論じる。具体的には、厚生主義の設定下で、功利主義基準とナッシュ基準、マキシミン基準とレキシミン基準など諸々の基準を比較検討する。さらにそれら議論の応用としてレーティングへの実用を論じ、またアローの不可能性定理を再度論じる。最後にアマルティア・センによる自由主義のパラドックスを紹介して、ロールズ流の正義論に基づくパラドックスの解消を考察する。

第7章ではマジョリティ・ジャッジメントという新たな集約ルールについて論じる。これは2010年代にバリンスキとララキという研究者が包括的な分析を与えた、投票者が選択肢に絶対評価を与える仕組みである。ここではその定義の土台となった是認投票から説明をはじめる。マジョリティ・ジャッジメントは戦略的操作に対してある意味で強く、ギバード＝サタスウェイト定理が示す不可能性を部分的に乗り越えている。

2　特徴

社会的選択理論の既存書には優れたものがいくつか存在するが、本書のようにボルダとコンドルセの古典から議論を立ち上げていく構成を取ったものはおそらく他に無い。

現在、社会的選択理論というときには、(a)「投票における意思集約方法の設計」と (b)「社会状態の望ましさを評価する基準の構築」を主に含むことが多い。両者の数学的な取り扱いは近いが、問題としてはかなり異なっている。本書は (a) に軸足を置いているが、これは (a) と (b) の混乱を防ぐための工夫である。第6章では (b) について詳しく扱い、また (a) と (b) の議論に一定の接続を与える。なお、日本で出版されている社会的選択理論の書籍は (b) を重視する傾向が強く、本書のように (a) を重視する書籍はきわめて珍しい。

3 補足

いくつかの補足事項を述べておく。

予備知識 第2章を除いて、読者に特段の予備知識は求めていない。ただし、初歩的な数理的推論を随所で行うので、それに関する拒否感が無いことは必要と思われる。なお、最も重要と思われる第1章は高校生レベルの学力で読み進めることができるし、そこで本書を貫く問題の核心を理解することはできるはずだ。

数学的な形式 数学的に示される事柄は「定理」として述べ、それに「証明」を付ける形式を基本的には取った。こうした形式に尻込みしてしまう読者もいるだろうが、見た目にさえ慣れてしまえば、この方が遥かに読みやすい。なぜなら、こうすると意味内容は「定理」として正確に把握して、面倒な「証明」は読まないことができるようになるからだ。この形式を取らないと、何が示されて、どこを読み飛ばせばよいのか判断が難しくなってしまう。なお、証明は一般的なケースを扱うよりは、単純なケースで論理の骨子を丁寧に解説するようにした。

訳語 訳語は、筆者が適切と思うものを選んだり、作ったりした。例えば「ペアごとの全ての多数決で勝利を収める選択肢」は "Condorcet winner" と呼ぶことが多い。しかし "Condorcet winner" という言葉は、それ自体では何を意味するのかよく分からない。よってここでは "Condorcet winner" ではなく、よりストレートに意味を表す "pairwise majority rule winner" という言葉を選択した。そしてその訳は「ペアごとの多数決での勝者」とでも言えばよいのだろうが、それだと長くて使いにくいので「ペア全勝者」とした。訳語と原語との関係については、索引で

　　ペア全勝者 (pairwise majority rule winner, Condorcet winner)

のように記して、対応付けた。

外国語からの引用文 外国語からの引用文は、特に明記したものを除いて筆者が和訳した。

表記　ある人物について語ることが一定の歴史性を帯びる場合には、その生没年を併記した。誰をどの箇所でそのように扱うかは、文章の構成と読みやすさを考慮し判断した。

第1章

問題の出発点

1.1　ボルダルールを巡って

1.1.1　ボルダルールの提案

　1770 年にジャン゠シャルル・ド・ボルダ (1733–1799 Borda) はパリ王立科学アカデミーにおいて、多数決という意思集約方法の本質的な欠陥に関する研究報告を行った。フランスでは同年に王太子ルイ 16 世がオーストリア皇女マリー・アントワネットと婚礼の儀をあげているが、これはアンシャン・レジーム (旧体制) のほぼ末期にあたる。外交上の劣勢は著しく、国家財政はひどく悪化しており、絶対王政の権力構造を支える制度と文化の枠組みはほころび始めていた。また、1762 年にはジャン゠ジャック・ルソー (1712–1778 Rousseau) が『社会契約論』で人民主権論を展開し、王権を否定する思想的な礎を与えていた。そして、よく知られている通り、1789 年にはバスティーユ襲撃が起こりフランス革命が勃発する。こうした時代背景は多数決、より一般には意思集約方法の研究に少なからぬ影響を与えている。

　ボルダは数理に長けた海軍の高名な技術者で、科学者だった。彼の論文 Borda (1784) は、社会的選択理論が学問分野として立ち上がる瞬間のきらめきを感じさせるものであり、その問題意識の核心を表す冒頭のパラグラフを紹介しておこう。

投票において最多票を得た選択肢は、常に人々の意思を表していると一般には考えられているようで、私はそれに関する論争を聞いたことがない。つまりそうした選択肢は、他の選択肢よりも投票者から好まれているはずだというわけである。しかし私はこうした考えが、選択肢が 2 個しかないケースを除いては成立しないことを明らかにしていく。

ボルダが指摘したのは次のようなことだ。いま投票者が 21 人おり、選択肢として x, y, z の 3 つがある状況を考える。この選択肢は例えば政策や候補者などで、投票者はそれらに対して次のような順序を付けているものとする。

	4 人	4 人	7 人	6 人
1 位	x	x	y	z
2 位	y	z	z	y
3 位	z	y	x	x

これらの順序に基づき、1 人の投票者が 1 枚の投票用紙を与えられ 1 つの選択肢を書く、単記式の多数決を行えば

- 8 票が x
- 7 票が y
- 6 票が z

に入って x が勝つことになる。今後、このように多数決で勝つ選択肢のことを**多数決勝者**と呼ぶ。

そこで問題だが、x は他の選択肢と比して投票者から高く評価されていると言えるのだろうか。実際、x と y だけをペアで比較してみると

- 8 人が x を y より
- 13 人が y を x より

高く評価しており、過半数の者は y を x より高く評価している。また、x と z だけをペアで比較してみても、同様に

- 8 人が x を z より

- 13 人が z を x より

高く評価しており、過半数の者は z を x より高く評価している。つまり x は、y にも z にもペアごとの多数決で負ける選択肢である。それにも関わらず x が全体での多数決で勝てるのは、2 つの選択肢 y と z について票が割れているからに他ならない。このことをボルダは「2 人のアスリートが競い疲れきってしまった後で、第 3 の最も弱い者に負けてしまうようなものだ」と表現した。

この観点から多数決に疑義を呈したボルダは、投票用紙にただひとつの選択肢だけを書くのではなく、各選択肢への順位を全て書き、それに応じて加点し和を取る集約方法を考案した。その方法は現在**ボルダルール**と呼ばれており、選択肢の数が 3 個なら、1 位には 3 点、2 位には 2 点、3 位には 1 点というように加点して、得点和が最大になる選択肢を勝者とするものである。いまの例で得点和をそれぞれ計算すると

- x には、$(3 \times 8) + (2 \times 0) + (1 \times 13) = 37$ 点
- y には、$(3 \times 7) + (2 \times 10) + (1 \times 4) = 45$ 点
- z には、$(3 \times 6) + (2 \times 11) + (1 \times 4) = 44$ 点

が入ることになる。今後、こうした得点和を**ボルダ得点**と呼び、$p(x) = 37$、$p(y) = 45$、$p(z) = 44$ のように表す。そして、ボルダ得点が最大になる選択肢を**ボルダ勝者**と呼ぶ。ここでボルダ勝者は y であり、多数決勝者 x とは異なっている。

ところで x は「他の全ての選択肢に対し、ペアごとの多数決で負ける」選択肢であった。このような選択肢を**ペア全敗者**と呼ぶことにしよう。ボルダの論文は、まず多数決がペア全敗者を選びうることを指摘して、それからボルダルールの導入へと続いている。とすれば、この論文にはボルダルールがペア全敗者を選ばないことの証明があってもよさそうなものだが、その点については言及がない。実際のところ、その証明のようなものが与えられるのは約 200 年後の Fishburn and Gehrlein (1976) によってである[1]。

---

1) 証明の「ようなもの」というのは、彼らの証明 (Fishburn and Gehrlein 1976, Corollary 1) が、大筋を説明するに過ぎないからだ。

定理 1　ボルダ勝者はペア全敗者ではない。

[証明]　いま投票者として佐藤、高橋、中野の 3 人と、選択肢として x, y, z の 3 つがあるケースを考える。一般のケースもこのケースと同様の手法で証明できるので、これで実質的に十分と思われる。

一人ひとりの投票者は 1 位に 3 点、2 位に 2 点、3 位に 1 点を与えるので、3 人の投票者で合計 $6 + 6 + 6 = 18$ 点がこの場には存在することになる。よって当然ながら

$$p(x) + p(y) + p(z) = 18$$

である。いま x をボルダ勝者とする、つまり $p(x) \geqq p(y)$ と $p(x) \geqq p(z)$ が成り立つものとしよう。これから x はペア全敗者ではあり得ないことを示していく。まず、当然ながら

$$p(x) \geqq \frac{p(x) + p(y) + p(z)}{3} = 6$$

が成り立つ。つまり x は少なくとも平均点である 6 点以上を獲得している。

6 点以上獲得するということは、x は最悪でも

	佐藤	高橋	中野
1 位 (3 点)	x	★	★
2 位 (2 点)		x	★
3 位 (1 点)			x

という順序付けや

	佐藤	高橋	中野
1 位 (3 点)	★	★	★
2 位 (2 点)	x	x	x
3 位 (1 点)			

という順序付けにはなっている。なお、これらの表では、x より上位の箇所に星「★」を打ってある。星の箇所には y か z のいずれかが入っているが、どのようであってもここでの議論には差し支えない。重要なのはどちらの表にも星は 3 個しかないことである。もし星が 4 個、例えば

	佐藤	高橋	中野
1 位 (3 点)	★	★	x
2 位 (2 点)	★	★	
3 位 (1 点)	x	x	

という順序付けや

	佐藤	高橋	中野
1 位 (3 点)	★	★	★
2 位 (2 点)	x	x	★
3 位 (1 点)			x

という順序付けであれば、$p(x)$ は 6 点以上になれないからである (この場合いずれも $p(x) = 5$)。

さて、ここでもし x がペア全敗者であるならば、ペア同士の多数決で y は x に勝ち、また z も x に勝つことになる。つまり x がペア全敗者であるためには

	佐藤	高橋	中野
1 位 (3 点)	y	z	x
2 位 (2 点)	z	y	
3 位 (1 点)	x	x	

という順序付けや

	佐藤	高橋	中野
1 位 (3 点)	y	z	z
2 位 (2 点)	x	x	y
3 位 (1 点)			x

という順序付けが成り立っていなければならない。この議論から分かるのは、x がペア全敗者であるためには、x より上に位置する星が 4 個は必要ということである (y に 2 個以上、z に 2 個以上)。しかし $p(x)$ が平均点である 6 点以上を獲得しているという事実は、星が 3 個までしか存在しないこ

12　　　　　　　　　　第 1 章　問題の出発点

とを意味していた。つまり x より上に位置する星が 4 個存在することは不可能である。よってボルダ勝者 x は、ペア全敗者ではあり得ない。　　　　□

1.1.2　ボルダ勝者と過半数投票者

　ボルダルールと多数決との関係について更に検討してみよう。5 人の投票者がいる次の例

	佐藤	高橋	中野	浜田	松岡
1 位 (3 点)	y	y	y	x	x
2 位 (2 点)	x	x	x	z	z
3 位 (1 点)	z	z	z	y	y

を考えてみると、$p(x) = 12$、$p(y) = 11$、$p(z) = 7$ なので x がボルダ勝者となる。しかし多数決勝者は y であり、しかも過半数の者 (佐藤、高橋、中野) は y を x より高く順序付けている。

　つまりボルダ勝者 x と多数決勝者 y は異なるうえ、過半数の者は y を x より好んでいる。これはボルダルールと多数決との間に大きな対立が生じていると言ってよいだろう。これに関してボルダは、「いったい多数決勝者が、ボルダ勝者でもあると**断定できる**のはどの程度の票を集めたときか」という問いを考察した。いまの例では、y は多数決勝者だがボルダ勝者ではない。つまり、5 人の投票者と 3 つの選択肢がある状況においては、多数決により 3 票を得るだけでは、その選択肢がボルダ勝者だと断定することはできない。

　では 4 票ならどうだろうか。例えばいま y が 4 票を得たとしよう。それは次のようなケースである。

	佐藤	高橋	中野	浜田	松岡
1 位 (3 点)	y	y	y	y	x
2 位 (2 点)	?	?	?	?	?
3 位 (1 点)	?	?	?	?	?

多数決は投票用紙に 1 位の者の名前を書くだけで、2 位以下については意思

表明されないので、表には「?」と記してある。

ここで y のボルダ得点にとって論理的に発生しうる「最悪」のケースは

	佐藤	高橋	中野	浜田	松岡
1 位 (3 点)	y	y	y	y	x
2 位 (2 点)	x	x	x	x	?
3 位 (1 点)	?	?	?	?	y

である[2]。しかしこの「最悪」のケースでさえ

$$p(y) = 13 > 11 = p(x)$$

なので、y は多数決勝者であるのみならず、ボルダ勝者でもあることが分かった。

選択肢の数が増えたらどうなるだろうか。いま投票者は 5 人のまま、選択肢を 6 つに増やしてみよう。そして多数決で y が 4 票を得て勝利したものとする。例えば

	佐藤	高橋	中野	浜田	松岡
1 位 (6 点)	y	y	y	y	x
2 位 (5 点)	?	?	?	?	?
3 位 (4 点)	?	?	?	?	?
4 位 (3 点)	?	?	?	?	?
5 位 (2 点)	?	?	?	?	?
6 位 (1 点)	?	?	?	?	?

のようなケースである。このとき y がボルダ勝者でもあると断定することは可能だろうか。先ほどの議論と同様に、y のボルダ得点にとって論理的に発生しうる「最悪」のケースは

---

2) 表中の「?」は残る z に他ならないが、このことは重要でないのと、後の議論と表記の一貫性を保つため「?」と記した。

	佐藤	高橋	中野	浜田	松岡
1 位 (6 点)	y	y	y	y	x
2 位 (5 点)	x	x	x	x	?
3 位 (4 点)	?	?	?	?	?
4 位 (3 点)	?	?	?	?	?
5 位 (2 点)	?	?	?	?	?
6 位 (1 点)	?	?	?	?	y

である。そしてこのとき $p(y) = 25 < 26 = p(x)$ が成立している。

すなわち多数決において y が、5 人いる投票者のうち 4 人から支持を得ていても、それがボルダ勝者だと断定することはできない。別の言い方をすれば、このケースでは、多数決勝者がボルダ勝者でもあると断定できるのは、その選択肢が全票を集めている場合に限る。ボルダはこの不一致の可能性が、選択肢の数が投票者の数を上回るときは、常にあり得ることを示した[3]。証明はいまの議論と同じ道筋を辿る。

定理 2　投票者の数を n、選択肢の数を m とし、$n < m$ が成り立つときを考える。いま多数決のもとで、$n-1$ 人の投票者が y に投票し、残る 1 人が x に投票し、y が多数決勝者となるものとする。しかしこの y がボルダ勝者であると断定することはできない。

[証明]　いま $n-1$ 人が y に投票し、残る 1 人が x に投票するということとは

	投票者 1	投票者 2	$\cdots$	投票者 $n-1$	投票者 n
1 位　(m 点)	y	y	$\cdots$	y	x
2 位　($m-1$ 点)	?	?	$\cdots$	?	?
$\cdots$					
m 位 (1 点)	?	?	$\cdots$	?	?

---

3)　ボルダはより一般に「多数決勝者がボルダ勝者であると断定できるためには、投票者の何割の票を集めていなければならないか」ということを論じ、明らかにしている。彼の議論から「選択肢の数が投票者の数を上回るときは、その割合とは 10 割である」という帰結が導かれ、それが定理 2 である。

のようなケースだということである。よって選択肢全体への順序付けが

	投票者 1	投票者 2	$\cdots$	投票者 $n-1$	投票者 n
1 位　（m 点）	y	y	$\cdots$	y	x
2 位　（$m-1$ 点）	x	x	$\cdots$	x	?
$\cdots$					
m 位　（1 点）	?	?	$\cdots$	?	y

である可能性を排除できない。そしてこのときのボルダ得点を計算すると、$m > n$ より

$$p(y) = (n-1)m + 1 < (n-1)m + (m-n+1)$$
$$= (n-1)m - (n-1) + m$$
$$= (n-1)(m-1) + m = p(x)$$

が成り立つ。よって y はボルダ勝者ではない。　　　　　　　　　　□

　定理 2 から次のように結論付けられる。すなわち $n < m$ のときに多数決勝者がボルダ勝者として断定できるのは、満場一致の支持を得た場合のみに限る。このことをボルダは非常に驚くべき結果だと述べたうえで、ある北国で、王の選出に際して満場一致が求められていることが正当化されると付け加えた[4]。満場一致の支持を得た場合のみというのは、条件として最大限に厳しい。この結果は単なるふたつのルール間の相違を超えて、社会的選択理論における多くの本質的に重要な論点を浮かび上がらせることになる。

　ボルダに始まる初期の議論は、今日の社会的選択理論のあり方に今なお直接的な影響を与えている。そして現在、社会的選択理論では、第 5 章で扱う「アローの不可能性定理」が中心的な成果と見なされることが多い。しかしこの定理は、ボルダルールを巡る議論を理解して、はじめて適切な評価ができるものだ。そうした理解が十分に広まっていないことの弊害として、「アローが社会的選択理論という学問分野を作った」とか「アローの不可能

---

　4)　この「北国」とは、McLean and Hewitt (1994) もそう述べるように、ポーランドのことであろう。ポーランドでは 1572 年にヤギェウォ王朝が倒れて以後、1791 年まで独自の選挙王制が続き、そこでは満場一致による国王の選出が原則だったからである。

性定理が社会的選択理論の最重要成果である」といった誤解が生まれることになる。アローの研究は確かに画期的だが、これから本書で説明していくように、それはボルダに始まる議論の流れにすんなり馴染むものである。

1.1.3 ボルダルールの戦略的操作

ボルダルールについての議論を締めくくるにあたり、戦略的投票に関する指摘をしておこう。3人の投票者がいる次の例

	佐藤	高橋	中野
1位 (4点)	x	y	y
2位 (3点)	y	x	x
3位 (2点)	z	z	z
4位 (1点)	w	w	w

について考える。ここで $p(x) = 10$、$p(y) = 11$、$p(z) = 6$、$p(w) = 3$ であり、ボルダ勝者は y となる。x を最も高く評価する佐藤にとってこの結果は望ましくない。しかし、もし佐藤が戦略的に虚偽の順序付けを表明して

	佐藤	高橋	中野
1位 (4点)	x	y	y
2位 (3点)	w	x	x
3位 (2点)	z	z	z
4位 (1点)	y	w	w

となった場合には、$p(x) = 10$、$p(y) = 9$、$p(z) = 6$、$p(w) = 5$ であり、ボルダ勝者は x へと変わる。これは佐藤にとって望ましい変化だ。

もうひとつ別の例

	佐藤	高橋	中野
1位 (3点)	x	y	y
2位 (2点)	z	x	x
3位 (1点)	y	z	z

を考えてみよう。いま $p(x) = 7$、$p(y) = 7$、$p(z) = 4$ であり、ボルダ勝者

は x, y になる。ここで最終的には、くじで x か y のどちらかに決まるとしよう。しかし、もし高橋が戦略的に虚偽の順序付けを表明して

	佐藤	高橋	中野
1 位 (3 点)	x	y	y
2 位 (2 点)	z	z	x
3 位 (1 点)	y	x	z

となったら $p(x) = 6$、$p(y) = 7$、$p(z) = 5$ であり、ボルダ勝者は y となる。つまり y を最も高く評価する高橋は、y のライバルである x を最下位に順序付けることで、x をボルダ勝者の座から蹴落とすことができる。

　ボルダルールがここで見たような戦略的操作の影響を受けるということは、当時から認識されていた (McLean and Hewitt 1994)。しかし社会的選択理論で戦略的操作が本格的に研究の対象となるのは、1970 年代に入ってからである。現在では、ボルダルールのみならず、およそ常識的に考えうるどのようなまともな集約ルールについても、戦略的操作の可能性を完全には排除できないことが分かっている。この結果はギバード゠サタスウェイト定理として知られており、第 4.7 節で扱う。

1.2　コンドルセの考察を巡って

1.2.1　コンドルセと一般意志

　M.J.A.N. コンドルセ (1743–1794 Condorcet) はパリ王立科学アカデミーの代表的な学者であった。同アカデミーには、数学への貢献により 1769 年に入会を認められ、1776 年には終身書記の地位を得ているが、この職はフランスにおける科学のスポークスマンの役割を果たすものであった。彼はまた 1782 年に「不滅の 40 人」のひとりとして、栄誉あるアカデミー・フランセーズのメンバーに選出されている。数理分析を本格的に用いる社会科学の創始者のひとりと言ってよいだろう。またコンドルセは革命前には政治に関わり自由主義的な経済政策を推し進め、革命後は民主的な社会を強く志向する憲法草案を起草した。公教育の重要性を論じたことでも有名である。彼の活動は多岐に渡っており、ここでそれらを要約的にでも説

明することは難しい[5]。しかしコンドルセがルソーの影響を強く受けた啓蒙思想 (Lumières) の理論家であり実践家であったと知っておくことは、彼の学問を理解するうえで大きな助けとなる。

第 1.1 節で扱ったボルダ論文は、1770 年にパリ王立科学アカデミーで発表した内容をまとめたものである。この論文は 1781 年のアカデミー機関誌に解析 (Analyse) の分類で掲載され、1784 年に出版された。この掲載にはコンドルセが編集者として関わっており、彼によるボルダ論文の解説が同機関誌には収められている[6]。そこでコンドルセは以下のような例を用いて、ボルダが指摘するように、多数決は人々の意思を集約する手段として不適切であることを説明した (Condorcet 1784)。

	8 人	7 人	6 人
1 位	x	y	z
2 位	z	z	y
3 位	y	x	x

この例においては、多数決によれば x が選出されるが、x を 1 位に置かない 13 人の者は y を x より、また z を x よりも高く順序付けている。つまり多数決ではペア全敗者が選ばれてしまう。この指摘は、ボルダが論じたことと同じ内容である。

コンドルセは、選択肢が 3 個以上ある場合には、多数決のようにペア全敗者を選ぶようなルールはやめて、より望ましいものを探そうというモチベーションをボルダと深く共有している。ボルダの場合はそこでボルダルールを提案することで問題の解決を試みていた。しかしコンドルセは、ボルダ論文の解説においてはその画期性を高く評価するものの、自身の研究においてはボルダとかなり異なる立場を取る。

---

5) コンドルセの生涯については Baker (1975)、McLean and Hewitt (1994, Introduction, Section 1) や石堂 (2013) などを、彼のパリ王立科学アカデミーにおける働きについては隠岐 (2011) を参照されたい。

6) 出版の経緯やボルダとコンドルセの関係については Saari (2008) と隠岐 (2011) が詳しい。

コンドルセは集約ルールに対して、ペア全敗者を選ばないのみならず、ペア全勝者が存在する場合にはそれを選び取ることを求めた。**ペア全勝者**とは、他のどの選択肢に対しても、ペアごとの多数決で勝てる選択肢のことである。上記の例だと、z は x と y のいずれに対してもペアごとの多数決で勝てるので、ペア全勝者である[7]。またボルダ得点はここでは

$$p(x) = 37$$
$$p(y) = 41$$
$$p(z) = 48$$

なので、ペア全勝者である z を選べている。しかしこのことは常には成り立たない、というのがコンドルセがボルダルールを否定する理由であった。

第 1.1 節で用いた例

	佐藤	高橋	中野	浜田	松岡
1 位 (3 点)	y	y	y	x	x
2 位 (2 点)	x	x	x	z	z
3 位 (1 点)	z	z	z	y	y

で言えば

$$p(x) = 12$$
$$p(y) = 11$$
$$p(z) = 7$$

なので x がボルダ勝者となるが、ここでは y がペア全勝者である。すなわちコンドルセの観点から言えば、ボルダルールはペア全勝者を選ぶことに失敗している。

---

7) ペア全勝者やペア全敗者は常に存在するわけではない。例えば

	佐藤	高橋	中野
1 位	x	y	z
2 位	y	z	x
3 位	z	x	y

においては、どの選択肢もペア全勝者でもペア全敗者でもない。

コンドルセは同様の「失敗」が、あらゆるスコアリングルールで起こりうることを示した。なお、**スコアリングルール**とは、1 位に a_1 点、2 位に a_2 点、3 位に a_3 点のように選択肢に得点 (スコア) を付けて、その得点和で総合順位を決める集約ルールのことである。なお、選択肢の数を m とすれば

$$a_1 > a_2 > a_3 > \cdots > a_m$$

が成り立つものとする。例えば

	佐藤	高橋	中野	浜田	松岡
1 位 (a_1 点)	y	y	y	x	x
2 位 (a_2 点)	x	x	x	z	z
3 位 (a_3 点)	z	z	z	y	y

における各選択肢の得点を計算すれば

$$p(x) = 2a_1 + 3a_2$$
$$p(y) = 3a_1 + 2a_3$$
$$p(z) = 2a_2 + 3a_3$$

である。そしてボルダルールは

$$a_1 = m, \quad a_2 = m - 1, \quad \ldots, \quad a_m = 1$$

というスコアリングルールである[8]。

コンドルセは「社会数学」(mathématique sociale) という、数学を援用する社会科学を構想し、1785 年に投票の数理分析に関する著書 *Essai sur l'application de l'analyse à la probabilité des décisions rendues à la pluralité des voix*(多数決による決定の確率への、解析の応用) を発表した[9]。次の定理はそこで展開された議論の一部を整理したものだ (Condorcet 1785, pp. clxxvij-clxxviij)。

定理 3 ペア全勝者が存在するにも関わらず、どのスコアリングルール

---

8) Borda (1784) はスコアリングルールを定義して、その中で特にボルダルールに着目して議論を展開した。

9) この書名は悪名高く、内容を理解しないと意味が分からない。

もそれを選び取れない状況がある。

[証明] コンドルセはこの定理を、81 人の投票者が存在する次の例を用いて証明した。

	30 人	1 人	29 人	10 人	10 人	1 人
1 位 (a_1 点)	x	x	y	y	z	z
2 位 (a_2 点)	y	z	x	z	x	y
3 位 (a_3 点)	z	y	z	x	y	x

いまペア同士の多数決では 41 対 40 で x が y に勝ち、60 対 21 で x が z に勝つので、x はペア全勝者である。

一方で

$$p(x) = 31a_1 + 39a_2 + 11a_3$$
$$p(y) = 39a_1 + 31a_2 + 11a_3$$
$$p(z) = 11a_1 + 11a_2 + 59a_3$$

なので、$a_1 > a_2 > a_3$ である限り、$p(y) > p(x) > p(z)$ が成り立つ。つまりどのスコアリングルールも y を 1 位とするので、x は選ばれない。　　□

このコンドルセの証明は、81 人の投票者が存在する例に基づいていた。しかしこれは次のように簡略化できる。

	3 人	2 人	2 人	2 人
1 位 (a_1 点)	x	z	y	y
2 位 (a_2 点)	y	x	x	z
3 位 (a_3 点)	z	y	z	x

この例だと x がペア全勝者で、どのスコアリングルールについても $p(y) > p(x) > p(z)$ が成り立つことが容易に確かめられる[10]。

---

10)　この例は、筆者のゼミ生である、清水優香子君と坂本亮君が作成した。本書への掲載を快諾してくれた両君の厚意に感謝申し上げる。Fishburn (1974) は 7 人の投票者で同様の例を構成しているが、本書の例のほうがコンドルセの例と類似性が高いのでこちらを掲載した。

定理 3 は、各順位に得点を割り振ってその総和により社会的選択を行おうという、ボルダの発想の核心を否定するものだ。その延長線上としてコンドルセは、それぞれの選択肢が「選択肢全体の中で」どの順位を与えられるかという観点を、意思集約から除外することを試みた。これは具体的には、2 つの選択肢についてそれぞれ多数決を行い、それらの諸結果を組み合わせて全体の判断を行うという研究プログラムの形を取ることになる。これについて Young (1988) に基づき説明を行おう。

いま 13 人の投票者が存在するとして、3 つの選択肢 x, y, z のうちそれぞれ 2 つに対し総当たり戦でペアごとの多数決を行い、次の結果が得られたとしよう。

	x	y	z
x	−	8	6
y	5	−	11
z	7	2	−

なおこの表は、例えば x, y の多数決においては x を支持する投票者が 8 人、y を支持する投票者が 5 人のように読む。つまり多数決の結果は

- 8 対 5 で x が y に勝つ
- 7 対 6 で z が x に勝つ
- 11 対 2 で y が z に勝つ

である。ここではペアごとの多数決で循環が発生しているわけだが、これを**コンドルセサイクル**という。今後、誤解のおそれが無いときには単に**サイクル**という。ペアごとの多数決に基づき選択肢全体の順序付けを行うためには、このサイクルをどうにかして崩す必要がある。

そこでコンドルセは、最も得票差が小さな「7 対 6 で z が x に勝つ」を結果から消去することを提案した (**コンドルセの方法**)。すると残る結果は

- 8 対 5 で x が y に勝つ
- 11 対 2 で y が z に勝つ

なので、全体の順位が xyz として定まり、勝者は x となる。なお、記法についての注意だが、xyz はこの並びの通り、一位が x で、二位が y で、三

位が z であることを意味する。こうした記法を今後しばしば用いる。

　選択肢が 3 つのケースにおいてはコンドルセの方法は明瞭で、また得票差の小さな結果を無視するという方法は直感的にも納得しやすいものだ。しかしコンドルセにとってこのアイデアは、単なる直感を超えたものであり、得票差の大きな結果は**正しい可能性が高い**という考えに基づいている。そして、この「正しい」という表現が、コンドルセの研究に通底する問題意識を表している。

　フランス革命の思想的基盤を与え、またコンドルセが強い影響を受けたルソーの『社会契約論』では、一般意志 (volonté générale) という、ある種の共通利益を尊重することが論じられる。ルソーは一般意志と合致する選択肢を、人民の集会で多数決により探し当てることを考える。そこでは各人は「私的利益に基づき何を好むか」ではなく、「私的立場を離れたうえでの、何が正しいかへの判断」を表明することが求められる。そしてルソーは「もし私の表明したことが多数決の結果と異なっているのならば、それは私が間違っていたことを意味しており、私が一般意志だと思っていたことがそうではなかったのだ」と論じている (第 4 編, 第 2 章)。

　コンドルセはルソー的な意思集約を念頭に置いており、一般意志に合致する選択肢を見付ける手段を探るのが、彼の投票研究の問題意識であったと考えられる。このことはコンドルセによる、「これは私自身ではなく、全員にとっての問いなのだ。つまり私は、私が単によいと思うものを選ぶべきではない。各自固有の意見から抜け出た人々が理性と真理に適合すると考えるもの、を選ばねばならない」という表現に端的に表れている (Condorcet 1785, pp. cvi–cvii)。

　一般意志に適うものが何であるかは最初から明らかなわけではない。それゆえ一般意志に合致する選択肢の探索手段としてルソーは投票を考えていたし、その考えを引き継いだコンドルセにとって、正しい可能性が高い選択肢を探すのは本質的なことであった[11]。

　11）コンドルセは投票に関する研究でルソーに言及していない。これは人民主権論を展開するルソーの言論が、服従契約説に基づく絶対王政と対立することから、危険視されていたためだと考えられる。革命後の論文ではルソーに言及しているものがある。

24 第 1 章 問題の出発点

　さて、得票差が小さな結果を消去してサイクルを崩していくコンドルセの方法は、選択肢が 3 つのときは簡単に実行できるし、ペア全勝者が存在するときにはそれを選び取ることができる。しかし選択肢が 4 つ以上存在するとき、この方法は必ずしも上手く機能しないことは、Nanson (1882) や Black (1958) らにより指摘されてきた。次の例は Young (1988) によるものだ。

　いま 25 人の投票者と 4 つの選択肢が存在する状況で、選択肢 2 つずつの総当たり戦で多数決を行い、次の結果が得られたとしよう。

	x	y	z	w
x	−	12	15	17
y	13	−	16	11
z	10	9	−	18
w	8	14	7	−

つまり多数決の結果は

- 13 対 12 で y が x に勝つ
- 15 対 10 で x が z に勝つ
- 17 対 8 で x が w に勝つ
- 16 対 9 で y が z に勝つ
- 14 対 11 で w が y に勝つ
- 18 対 7 で z が w に勝つ

こととなり、サイクルが $yxzwy$ のように複雑に発生している。

　そこで最も得票差の小さな結果「13 対 12 で y が x に勝つ」を消去すると

- 15 対 10 で x が z に勝つ
- 17 対 8 で x が w に勝つ
- 16 対 9 で y が z に勝つ
- 14 対 11 で w が y に勝つ
- 18 対 7 で z が w に勝つ

だが、これでもサイクル $yzwy$ が残る。そして、次に得票差の小さな結果である「14 対 11 で w が y に勝つ」を更に消去すると

- 15 対 10 で x が z に勝つ
- 17 対 8 で x が w に勝つ
- 16 対 9 で y が z に勝つ
- 18 対 7 で z が w に勝つ

こととなり、これでサイクルは無くなった。

しかし残った 4 つの結果から、x と y のどちらを上位にすべきかは確定できない。これが前述した、コンドルセの方法が必ずしも上手く機能しないということである。Young (1988) はいまの例から出発して、コンドルセの意図を入念に汲み取ったうえで、コンドルセの方法に補正を試みる。その補正は大変興味深いもので、最尤法という統計学の手法を用いるのだが、やや専門性が高いゆえ第 2.3 節で扱う。

1.2.2 二択問題における多数決の優位性

コンドルセの研究が本格的に注目されるようになったのは 20 世紀半ばを過ぎてからである。その契機は、ダンカン・ブラック (1908–1991 Black) が 1958 年に著書 *The Theory of Committees and Elections* を刊行し、そこでコンドルセを「発見」したことであった。ただしブラックの段階では、コンドルセがルソーの議論を念頭に置いていたことは気付かれていなかった。それに気付き、ルソーのコンドルセへの強い影響を論じたのが Grofman and Feld (1988) や Young (1988) である。社会的選択に関するコンドルセの研究は 1980 年代以降、専門家から広く注目を集めることとなり、コンドルセの研究に直結した後続研究が今も出ている状況だ。コンドルセの研究が今なお新鮮さを失わないのは、彼の展開した議論が興味深いものであると同時に、学界で本格的に理解されるようになったのが近年になってからだという面もある。その中でも特に注目されているのが以下の議論だ。

ある裁判の被告に対し、一人ひとりの投票者が独立に、「有罪」であるか「無罪」であるか判断して、いずれかに票を入れる多数決を考えてみよう。

有罪と無罪のどちらが正しいかは完全には分からない。それを「ひとりの投票者が正しく判断できる確率」、つまり有罪が正しいときには有罪と判断できて、無罪が正しいときには無罪と判断できる確率を v で表す[12]。そしていま $0.5 < v \leqq 1$ が成り立つものとする。この仮定は、人間理性による判断は、表と裏が半々の確率で出るコイントスよりは精度が高いことを意味する。判断に必要な情報や知識が投票者に十分無い場合には、この仮定を置くのは妥当でない。また逆に、表現の自由と教育の普及は、この仮定に一定の妥当性を与えるものだ。

投票者 1 人が正しい判断ができる確率は当然ながら v である。では投票者が 3 人 (佐藤、高橋、中野) 集まり、彼らが独立して判断を行い投票して、多数決を取ったらどうなるだろうか。なお、ここで「独立」とは、投票者が空気に流されて投票したり、勝ちそうな候補に進んで投票したりなどの、互いに依存的な投票行動をしないことを意味する。つまり彼らは自分で頭を使い、自ら判断できる投票者である。

このとき 8 つのケースが以下のように発生する。

- 佐藤と高橋と中野が 3 人とも正しいケース。これは v^3 の確率で発生する。3 人が正しいので、多数決の結果は正しい。
- 佐藤と高橋が正しく、中野が間違っているケース。これは $v^2(1-v)$ の確率で発生する。2 人が正しいので、多数決の結果は正しい。
- 佐藤と中野が正しく、高橋が間違っているケース。これは $v^2(1-v)$ の確率で発生する。2 人が正しいので、多数決の結果は正しい。
- 高橋と中野が正しく、佐藤が間違っているケース。これは $v^2(1-v)$ の確率で発生する。2 人が正しいので、多数決の結果は正しい。
- 佐藤が正しく、高橋と中野が間違っているケース。これは $v(1-v)^2$ の確率で発生する。2 人が間違いなので、多数決の結果は間違い。
- 高橋が正しく、佐藤と中野が間違っているケース。これは $v(1-v)^2$ の確率で発生する。2 人が間違いなので、多数決の結果は間違い。

---

12)　v は vérité(真理) の頭文字であり、この記法はコンドルセによる。

- 中野が正しく、佐藤と高橋が間違っているケース。これは $v(1-v)^2$ の確率で発生する。2 人が間違いなので、多数決の結果は間違い。
- 佐藤と高橋と中野が 3 人とも間違っているケース。これは $(1-v)^3$ の確率で発生する。3 人が間違いなので、多数決の結果は間違い。

すると、多数決の結果が正しい確率は

$$v^3 + 3v^2(1-v)$$

となる。この値が v より高いことを次に示そう。

定理 4 $0.5 < v < 1$ ならば

$$v^3 + 3v^2(1-v) > v$$

が成り立つ。すなわち 3 人による多数決の結果が正しい確率は、投票者 1 人が正しい確率を上回る。

[証明] まず

$$\begin{aligned}
v &= v((1-v)+v)^2 \\
&= v((1-v)^2 + 2v(1-v) + v^2) \\
&= v(1-v)^2 + 2v^2(1-v) + v^3
\end{aligned} \tag{1.1}$$

に注意されたい。そして仮定

$$v > 0.5 > 1-v$$

と (1.1) より

$$\begin{aligned}
v^3 + 3v^2(1-v) &= v^3 + v^2(1-v) + 2v^2(1-v) \\
&> v^3 + v(1-v)^2 + 2v^2(1-v) = v
\end{aligned}$$

が成り立ち、題意が示せた。　　　　　　　　　　　　　　　　　　□

いま例えば $v = 0.6$ ならば

$$v^3 + 3v^2(1-v) = 0.648 > 0.6 = v$$

である。投票者数が n 人である一般的な場合でも、定理 4 と同様に、多数決の判断が正しい確率は、投票者 1 人の判断が正しい確率を上回る (第 2 章

で示す)。そしてその確率は投票者が増えるにつれ増加の傾向を辿り、101人では 0.98 を超す。更には、v が 0.5 より大きい限り、投票者の数が大きくなるにつれ多数決の結果が正しくなる確率は 1 へと収束していく。これは驚くべき結果と言ってよいだろう。しかしそれが成り立つ理由の本質は単純で、多数決のもとでは、正しい判断をした投票者が半数をわずかでも超しさえすれば、その結果は正しくなるということだ。

もう少し詳しく言うと、大数の弱法則より、投票者が十分多い場合には、その中で「『正しい判断をしている者の割合』が v に近い可能性」がきわめて高くなる。ということは、$v > 0.5$ である以上、正しい判断をしている者の割合が v に近ければ、彼らの総数は半数を超えて多数決で勝ち、正しい結果が得られる。このことを**陪審定理**という。コンドルセはベルヌーイによる大数の法則から着想を得てこうした議論を展開したと考えられる[13]。なお、陪審定理を厳密に扱うためには統計学的な定式化が必要となる。それはやや難度が高いので、第 2 章で他の統計学的な議論とともに紹介する。

1.2.3　ペア比較とそれへの批判

ペア全勝者の発想や陪審定理に典型的に表れているように、コンドルセは 2 つずつ選択肢を比べていくことを重視した。こうした姿勢を取ることの帰結として、x と y のどちらに高い順位を与えるかの決定に際して、他の選択肢 z がそれに与える影響は小さなものとなる。実際コンドルセは、2 つの選択肢を比較する際に、その他の選択肢という「無関係」な要素は判断に誤りを生み出すとも述べている。この考えはボルダのように、x, y, z の全体における順位で得点を与えようという発想とは真っ向から対立するものだ。

実際、ボルダルールでは

---

13)　コンドルセが展開したのはあくまで「こうした議論」であり、ここでの議論そのものではない。

	佐藤	高橋	中野	浜田	松岡
1 位 (3 点)	y	y	y	x	x
2 位 (2 点)	x	x	x	z	z
3 位 (1 点)	z	z	z	y	y

だと x が勝者になるが、コンドルセが言うところの「他の選択肢」である z の位置が

	佐藤	高橋	中野	浜田	松岡
1 位 (3 点)	y	y	y	x	x
2 位 (2 点)	z	z	z	z	z
3 位 (1 点)	x	x	x	y	y

に変わると勝者が y に変わってしまう。コンドルセの考えではこれは望ましくないことだ。

　コンドルセのこうした考え方を徹底的に推し進めたのがケネス・J・アロー (1921–2017 Arrow) だと言える。彼は 20 世紀後半における社会的選択理論の隆盛のきっかけとなった著書 *Social Choice and Individual Values* において、「2 つの選択肢を比較する際には、他の選択肢の影響が一切入り込まない」という条件を数学的に定式化し、それを満たす集約ルールの中には常用に耐えるものは存在しないという、「アローの不可能性定理」を証明した (Arrow 1951, 1963)。詳細は第 5 章で論じるとして、この定理は「民主主義の不可能性を示した」のように、強い主張を伴い語られることがある。しかし実際は、「コンドルセが望んだようなペア比較の徹底を追求すると、まともに意思集約を行うことはできない」程度に解釈するのが妥当である。

　ドナルド・サーリは、ペア比較だけから全体への順序付けをするのは全体における選択肢の位置情報を一切無視することであり、情報の活用方法として不適切だと論じている。ボルダルールが「他の選択肢」の位置変化から影響を受けるのは、ボルダルールがその情報に対して敏感に反応しているからであり、コンドルセやアローが主張するような「欠点」ではなく「利

30   第 1 章　問題の出発点

点」だと考えるわけだ[14]。

1.2.4　コンドルセの最期とその後

　コンドルセの最期とその後について述べ、本章を締めくくろう。コンドルセはフランス革命後、ジロンド派の憲法草案に深く関わるが、ジャコバン派との対立に敗れ、マクシミリアン・ロベスピエールによる恐怖政治 (Terreur) のもとで、欠席裁判で死刑宣告を受けて追われる身となる。全財産を没収され、逃亡生活を送るコンドルセが行ったことは、これまでの人類の発展とこれからの幸福への歩みを示す、草稿『人間精神進歩の歴史素描』をまとめあげることであった。そのことを昭和を代表する経済学説史家のひとり高橋誠一郎は、「自己を人類の前に弁明するよりも、人類其の者を弁明せんとするとの動機に駆られて」と評した[15]。

　コンドルセは 1794 年に捕縛され獄中で死を遂げる[16]。ルソーのテクストを全体主義的に受容したロベスピエールは、国民公会でルソーの栄光を称える。ただし全体主義的なのはルソーのテクストではなく、ロベスピエールら革命指導者のテクストの受容の仕方や彼らの行為そのものであることは区別しておくべきだろう。

　そのロベスピエールもギロチンによる粛清の嵐を続けるうちに支持を失い、革命暦 2 年テルミドール 9 日と記憶されるその日、すなわち 1794 年 7 月 27 日にクーデターに遭い、その翌日には断頭台の露と消える。1795 年

---

14)　例えば Saari (1995, 2010) を参照されたい。

15)　高橋 (1943) の 256 ページから抜粋。

16)　死因は不明。丸山 (2008) は革命前後から最期に至るコンドルセの生涯について詳しく述べている。同書はまた、コンドルセによる数理的な研究が、後の時代においてどのように命脈を保ち、現代的な経済学の確立に寄与したかを考察している。コンドルセは市場の自律性への理解が深く、今でいう自由市場を支持しており、独占市場の弊害を指摘していた。これについては例えば隠岐 (2000、2001)、安藤 (2007、2010) などを参照せよ。またコンドルセの妻ソフィーは『道徳情操論』を仏語訳している。トマス・R・マルサスは『人口論』で『素描』に言及しているが、その父ダニエルはコンドルセを深く尊敬し、またルソーの知己であった (Roll 1938)。当時のコンドルセの知的影響、およびそれが後世の社会科学に与えた影響は、おそらく通常思われているより遥かに多大である。

の新憲法のもとで革命政府は総裁政府へと移行し、国民公会でコンドルセの名誉回復はなされる。『素描』は 3,000 部が印刷され、国民公会の公教育委員会を通じて教育機関等に配布された (Condorcet 1795 [1951])。

　政情の不安定が続くなか、1799 年にはブリュメールのクーデターを起こしたナポレオンが第一執政の座に就き軍部独裁を開始する。1793 年に廃止されたパリ王立科学アカデミーは、1795 年に国立学士院の一部として一定の再生がなされるが、設立時に含まれていた社会科学を扱う部門は、それを嫌うナポレオンにより 1803 年に廃止されてしまう。当時のコンドルセの後続研究はわずかしかなく、それらは現在 McLean and Urken (1995) にささやかに集められているに過ぎない。ナポレオンが自ら皇帝の座に就くのは 1804 年のことであった。こうして歴史はいったん途切れ、社会的選択理論の最初の黄金時代は幕を閉じる。

第2章

正しい選択への確率的接近

2.1　陪審定理

　これから論じる陪審定理は、最も単純な「各投票者の判断が正しい確率が全員等しく v で、その判断に投票者の間で相関が無いケース」を扱う。陪審定理が注目されるようになったのは、ブラックが社会的選択理論の歴史を調べていく過程で、コンドルセの議論の中にそのようなものを見付け、再評価をしてからであった (Black 1958)。そしてこの定理が数学的に明確に定式化され、議論されるようになったのは、およそ 1980 年代以降である[1]。しかしそれらの研究においては、「正しい判断ができる確率が人により異なるケース」や「人々の間でそれらの確率に一定の相関があるケース」など、本書より一般的なケースを扱うのが通常である[2]。しかし、いささか不思議なことに、筆者の知る限り、最も単純なケースでの陪審定理の厳密かつ直接的な証明は、当該分野の出版物には見当たらない[3]。そうした状況もあって

　1）　1950 年代に、数理統計学の研究で陪審定理にきわめて近い議論がなされたことがある。陪審定理の歴史については Grofman, Owen, and Feld (1983) を参照せよ。

　2）　先駆的な研究に Miller (1986) があり、その後の代表的な論文に Boland (1989)、Ladha (1992)、Fey (2003) などがある。

　3）　例えば、陪審定理に詳しいテキストである Nitzan (2010, Proposition 11.3) は厳密な証明を与えているが、かなり一般性の高い結果の系として導くもので、直接的ではない。

か、陪審定理はその重要性の割に、一般に知られることがひどく少ないように思われる。

いま X を、v の確率で 1 の値を取り、$1 - v$ の確率で 0 の値を取る確率変数とする。つまり X が起こる確率は

$$P(X = 1) = v$$
$$P(X = 0) = 1 - v$$

であり、このような X の確率分布をベルヌーイ分布という。解釈は、投票者は $X = 1$ ならば正しい判断ができており、$X = 0$ ならばそれができなかった、である。当然ながら平均は

$$E(X) = v \cdot 1 + (1 - v) \cdot 0 = v$$

である。第 1 章と同様に、本章でも $0.5 < v$ が成り立つものとする。

このベルヌーイ分布から独立に観測された標本 $X_1, \ldots, X_n$ の平均を

$$\bar{X}_n = \frac{\sum\limits_{i=1}^{n} X_i}{n}$$

で表す。ここで n を投票者数と解釈すれば、$\bar{X}_n$ は「n 人の中で、正しい判断ができた者の割合」を意味する。そして $\bar{X}_n$ は、いわゆる二項分布に従う確率変数となる。ここで確率

$$P(\bar{X}_n > 0.5)$$

を考えれば、これは「n 人の投票者がいるときに、多数決で正しい判断ができる確率」を表す。

上述の通り、本章ではベルヌーイ分布から各 X_i が**独立**に観測されたという仮定を常に置く。このことは投票者が、何となく空気に流されて投票先を決めたり、勝ちそうな気がする選択肢に進んで投票したりといったことを、しないことを意味する。この仮定の現実的な妥当性は必ずしも定かでない。本章で論じる陪審定理は、二択の投票においては多数決が優れているという結果を与えるが、それはこの仮定のうえに成り立っている。その仮定の現実性が乏しいときに、陪審定理を安易に適用してはならない。$0.5 < v$ の

仮定も含め、あくまでここでの投票者は自らの理性に従い投票するのである。つまり本章の議論は、「多数決だから民主的」という言い方に典型的に表れる民主主義への無理解や、正義や権利に関わる事柄を安易に多数決で決めようとする思考停止を、いささかなりとも擁護しない。陪審定理の濫用はタチが悪いゆえこうして注意を喚起しておく次第である。

社会的選択理論の専門論文で陪審定理というときには、多数決の判断が正しい確率が投票者数の増大につれ 1 に収束することと、多数決の判断が正しい確率が v より高いことの、両者の組み合わせを指すことが多い。これから、それらを分けて示していく。

定理 5　多数決で正しい判断ができる確率は、投票者数が増大するにつれ、1 に収束する。すなわち

$$\lim_{n \to \infty} P(\bar{X}_n > 0.5) = 1$$

が成り立つ。

[証明]　大数の弱法則より、任意の $\varepsilon > 0$ に対して

$$\lim_{n \to \infty} P(|\bar{X}_n - v| \geq \varepsilon) = 0 \tag{2.1}$$

が成り立つ[4]。つまり n が十分大きいときは、ほぼ間違いなく、$\bar{X}_n$ は真の平均 v ときわめて近い値を取る。

絶対値を用いずに式 (2.1) を表記すると、任意の $\varepsilon > 0$ に対して

$$\lim_{n \to \infty} P(\bar{X}_n \geq v + \varepsilon \ \ \text{or} \ \ v - \varepsilon \geq \bar{X}_n) = 0 \tag{2.2}$$

となる。今後 $\varepsilon > 0$ を、$v - \varepsilon > 0.5$ を満たす値として固定する。いま任意の n について

$$P(v + \varepsilon > \bar{X}_n > v - \varepsilon) + P(\bar{X}_n \geq v + \varepsilon \ \ \text{or} \ \ v - \varepsilon \geq \bar{X}_n) = 1$$

なので、(2.2) より

$$\lim_{n \to \infty} P(v + \varepsilon > \bar{X}_n > v - \varepsilon) = 1 \tag{2.3}$$

---

4)　大数の弱法則は数理統計学の多くの教科書で扱われている。例えば稲垣 (2003, p. 101) や Hogg and Craig (1995, p. 120) を参照せよ。

が得られる。

そして $v - \varepsilon > 0.5$ より、任意の n について

$$1 \geqq P(\bar{X}_n > 0.5) \geqq P(v + \varepsilon > \bar{X}_n > v - \varepsilon)$$

が成り立つので、(2.3) より

$$1 \geqq \lim_{n \to \infty} P(\bar{X}_n > 0.5) \geqq \lim_{n \to \infty} P(v + \varepsilon > \bar{X}_n > v - \varepsilon) = 1$$

が得られる。よって

$$\lim_{n \to \infty} P(\bar{X}_n > 0.5) = 1$$

が成り立つ。 □

ところで、$v < 0.5$ のときには定理 5 と逆の結果が成り立つ。すなわち多数決で正しい判断ができる確率は、投票者数が増大するにつれ 0 に収束する。つまり

$$\lim_{n \to \infty} P(\bar{X}_n > 0.5) = 0$$

である。この証明は定理 5 の証明と同様にして得られる。つまり投票者の判断がコイントスに劣るときには、多数決の結果は酷いものとなる (ほぼ 100 パーセントの確率で間違う)。

次に、陪審定理の一部として位置付けられる「多数決の判断は、一人の判断よりも正しい確率が高い」ことを論じよう。この証明を与えたのは、おそらく Ladha (1992) が最初である[5]。これからこの成果について、投票者数が奇数のときと偶数のときに分けて証明していくが、その前にひとつ補題を与えておこう。この補題は基礎的な結果であり、今後は明示的に言及することなく証明内で使っていく。

補題 1 投票者 n 人のうち、h 人が正しい確率は

$$P(\sum_{i=1}^{n} X_i = h) = \frac{n!}{h!(n-h)!} v^h (1-v)^{n-h}$$

である。

---

5) Ladha (1992, p. 619) 自身も「私はこの証明がどこかに載っているか知らないので、簡単に参照できるよう記しておいた」と述べている。

[証明]　まず「n 人から h 人を選ぶ取り方」は

$$\frac{n!}{h!(n-h)!}$$

通りある。そして「特定の h 人が全員正しくて、他の $n-h$ 人が全員間違っている確率」は

$$v^h(1-v)^{n-h}$$

である。よって「投票者 n 人のうち、h 人が正しい確率」は

$$P(\sum_{i=1}^{n} X_i = h) = \frac{n!}{h!(n-h)!}v^h(1-v)^{(n-h)}$$

となる。　　　　　　　　　　　　　　　　　　　　　　　　　　　$\square$

定理 6　$n \geqq 3$ を奇数とする。このとき多数決で正しい判断ができる確率は、1 人が正しい判断ができる確率を超す。すなわち

$$P(\bar{X}_n > 0.5) > v$$

が成り立つ。

[証明]　この証明では $n = 5$ のケースのみを扱う。これは単にこのケースだけで、一般ケースの証明の構造を余すことなく描写できるからである。記号を簡略化するため、全投票者のうち正しい判断をする者の人数を $S = \sum_{i=1}^{5} X_i$ で表す。

まず

$$P(\bar{X}_5 > 0.5) = P(S \geqq 3) = \sum_{k=3}^{5} P(S = k)$$

であることに注意されたい。よって、これから

$$\sum_{k=3}^{5} P(S = k) > v \tag{2.4}$$

を示せばよい。(2.4) と

$$5 \sum_{k=3}^{5} P(S = k) > 5v$$

は当然ながら同値である。更にいま

$$5v = 5E(X) = E(S) = \sum_{k=0}^{5} kP(S = k)$$

なので、(2.4) は

$$\sum_{k=3}^{5} 5P(S = k) > \sum_{k=0}^{5} kP(S = k) \tag{2.5}$$

とも同値である。そして (2.5) は

$$\sum_{k=3}^{5} (5 - k)P(S = k) > \sum_{k=0}^{2} kP(S = k) \tag{2.6}$$

と同値である。よって (2.6) の成立を確認できれば、定理は証明できたことになる。

ここで (2.6) の両辺をほどいて整理すると

$$\sum_{k=3}^{5} (5 - k)P(S = k) = 2P(S = 3) + 1P(S = 4) + 0P(S = 5)$$

$$= 2 \cdot \frac{5!}{3!2!} \cdot v^3(1 - v)^2 + \frac{5!}{4!1!} \cdot v^4(1 - v) \tag{2.7}$$

$$\sum_{k=0}^{2} kP(S = k) = 2P(S = 2) + 1P(S = 1) + 0P(S = 0)$$

$$= 2 \cdot \frac{5!}{2!3!} \cdot v^2(1 - v)^3 + \frac{5!}{1!4!} \cdot v(1 - v)^4$$

$$= 2 \cdot \frac{5!}{3!2!} \cdot v^2(1 - v)^3 + \frac{5!}{4!1!} \cdot v(1 - v)^4 \tag{2.8}$$

である。すると $v > 0.5$ より、$v^3(1 - v)^2 > v^2(1 - v)^3$ と $v^4(1 - v) > v(1 - v)^4$ が成り立つので、(2.7) は (2.8) より大きい。よって (2.6) が成立する。 $\square$

投票者数が偶数で、多数決の結果が賛否同数になったときは、コイントスで決める、すなわち 2 分の 1 の確率で両選択肢は選ばれるものとする。つまり n を偶数とすれば、多数決の結果が正しい確率は

$$P(\bar{X}_n > 0.5) + 0.5P(\bar{X}_n = 0.5)$$

である。

2.1 陪審定理 39

定理 7 $n \geqq 4$ を偶数とする。このとき多数決で正しい判断ができる確率は、1 人が正しい判断ができる確率を超す。すなわち

$$P(\bar{X}_n > 0.5) + 0.5P(\bar{X}_n = 0.5) > v$$

が成り立つ。

［証明］ この証明では $n = 6$ のケースのみを扱う。これもやはりこのケースだけで、一般ケースの証明の構造を余すことなく描写できるからである。

記号を簡略化するため、全投票者のうち正しい判断をする者の人数を $S = \sum_{i=1}^{6} X_i$ で表す。証明の道筋は定理 6 と同様である。いま

$P(\bar{X}_6 > 0.5) + 0.5P(\bar{X}_6 = 0.5) > v$

$\iff P(S \geqq 4) + 0.5P(S = 3) > v$

$\iff 6P(S \geqq 4) + 3P(S = 3) > 6v$

$\iff 6P(S = 6) + 6P(S = 5) + 6P(S = 4) + 3P(S = 3) > 6E(X)$

$\iff 6P(S = 6) + 6P(S = 5) + 6P(S = 4) + 3P(S = 3) > E(S)$

$\iff 6P(S = 6) + 6P(S = 5) + 6P(S = 4) + 3P(S = 3)$
$$> \sum_{k=0}^{6} kP(S = k)$$

$\iff P(S = 5) + 2P(S = 4) > 2P(S = 2) + P(S = 1)$

$\iff \dfrac{6!}{5!1!}v^5(1-v) + 2 \cdot \dfrac{6!}{4!2!}v^4(1-v)^2$
$$> 2 \cdot \dfrac{6!}{2!4!}v^2(1-v)^4 + \dfrac{6!}{1!5!}v(1-v)^5 \qquad (2.9)$$

と変形できる。そして (2.9) は $v > 0.5$ より成り立つ。 □

定理 7 の証明をつぶさに追えば、$n = 2$ のときには同様の結果が成り立たないことが分かる。実際、次の結果が容易に確かめられる。

定理 8 投票者 2 人による多数決で正しい判断ができる確率は、1 人が正しい判断ができる確率と等しい。すなわち

$$P(X_1 + X_2 = 2) + 0.5P(X_1 + X_2 = 1) = v \qquad (2.10)$$

が成り立つ。

[証明] 定理の宣言文の (2.10) は、等式

$$2P(X_1 + X_2 = 2) + P(X_1 + X_2 = 1) = 2v$$

と同値だが、この等式が正しいことは

$$\begin{aligned}
2v = E(X_1 + X_2) =& 2P(X_1 + X_2 = 2) \\
&+ 1P(X_1 + X_2 = 1) + 0P(X_1 + X_2 = 0) \\
=& 2P(X_1 + X_2 = 2) + P(X_1 + X_2 = 1)
\end{aligned}$$

が正しいことが保証する。よって (2.10) が成立する。 □

2.2 開票後に多数派の判断が正しい確率

第 2.1 節で扱った陪審定理と同様に、二択の多数決について考える。つまり各投票者の判断が正しい確率は v であり、彼らの判断に相関は無く、独立している。こうした多数決に関して、コンドルセ自身が証明し、また Black (1958 [1998, pp. 197–198]) により整理され脚光を浴びるようになった次の定理について紹介しよう (Condorcet 1785, pp. 10–11)。

定理 9 多数決を行い開票した結果、h 人が多数派で k 人が少数派であったとしよう ($h > k$)。このとき多数派の判断が正しい確率は

$$\frac{v^{h-k}}{v^{h-k} + (1-v)^{h-k}} \tag{2.11}$$

である。

この定理で重要なのは、この確率に影響を与えるのが差の人数 $h - k$ のみという点である。つまり投票者の総数 $h + k$ は一切関係ない。例えば多数派が 10,005 人で少数派が 10,000 人のときも、多数派が 6 人で少数派が 1 人のときも、この確率は等しい。そして $h - k$ が大きくなるにつれ、この確率は大きくなる。この結果は、第 1 章で見た、コンドルセがサイクルを崩すうえで得票差が小さな結果から消去していったことと、きわめて整合的である。

[証明] 総投票者数は $h + k$ なので、その中から h 人の選び方は

$$\frac{(h+k)!}{h!k!}$$

通りある。そして特定の h 人が正しい確率は $v^h(1-v)^k$ なので、「$h+k$ 人中、h 人が正しい確率」は

$$\frac{(h+k)!}{h!k!} v^h(1-v)^k$$

となる。同様に、「$h+k$ 人中、h 人が間違っている確率」は

$$\frac{(h+k)!}{h!k!} v^k(1-v)^h$$

となる。

よって「$h+k$ 人中、h 人が正しい確率」と「$h+k$ 人中、h 人が間違っている確率」の比は

$$\frac{(h+k)!}{h!k!} v^h(1-v)^k : \frac{(h+k)!}{h!k!} v^k(1-v)^h$$

となり、これは

$$v^h(1-v)^k : v^k(1-v)^h \tag{2.12}$$

と簡略化できる。

定理の宣言文の通り、いまある h 人が過半数を得たものとしよう。彼らの判断は正しいか間違っているかのいずれかである。それが正しい確率を p で表せば、(2.12) より

$$\frac{p}{1-p} = \frac{v^h(1-v)^k}{v^k(1-v)^h}$$

である。これを p について整理しよう。まず

$$p = (1-p)\frac{v^h(1-v)^k}{v^k(1-v)^h}$$

$$\left(1 + \frac{v^h(1-v)^k}{v^k(1-v)^h}\right)p = \frac{v^h(1-v)^k}{v^k(1-v)^h}$$

である。よって

$$p = \frac{\dfrac{v^h(1-v)^k}{v^k(1-v)^h}}{1 + \dfrac{v^h(1-v)^k}{v^k(1-v)^h}}$$

$$= \frac{v^{h-k}(1-v)^{k-h}}{1 + v^{h-k}(1-v)^{k-h}}$$

$$= \frac{v^{h-k}}{(1-v)^{h-k} + v^{h-k}}$$

が得られる。 □

　ところでコンドルセは死刑制度に反対であった。人道上の理由もさることながら、人間の判断は確率的に間違う可能性があるというのがその主張の根拠である[6]。定理 9 で言えば、$v < 1$ である限り、(2.11) の値が 1 にはならないことがそれにあたる。日本でも「飯塚事件」で犯人とされた人物に対し、再審請求準備中の 2008 年に死刑が執行され、その後、実は犯人でないことを示す DNA 鑑定が出されている[7]。

2.3　最尤法による「真の順序付け」の探求

　本節では Young (1988) により展開された、「真の順序付け」を探し当てる統計的方法について論じる。第 1.2.1 項でも扱った、コンドルセサイクルが発生する、ペアごとの多数決の総当たり戦の表

	x	y	z
x	−	8	6
y	5	−	11
z	7	2	−

を用いて議論を進めよう。なお、投票者は 13 人、選択肢が x, y, z の 3 つである。ここで多数決の結果は

- 8 対 5 で x が y に勝つ

---

　6)　ただし、コンドルセはフランス革命にはきわめて肯定的だったが、ルイ 16 世の処刑には人道上の理由から反対している。

　7)　日本弁護士連合会 (2012)「死刑制度の廃止について全社会的議論を開始し、死刑の執行を停止するとともに、死刑えん罪事件を未然に防ぐ措置を直ちに講じることを求める要請書」を参照 (最終確認 2024 年 12 月 1 日)。
http://www.nichibenren.or.jp/library/ja/opinion/report/data/2014/opinion_141111.pdf

2.3 最尤法による「真の順序付け」の探求　43

- 7 対 6 で z が x に勝つ
- 11 対 2 で y が z に勝つ

である。

　これから一般意志としての「真の順序付け」を探すことを考えていく。どうやって探すかというと、総当たり戦の表をデータとして用い、「そのデータを生み出す確率が最も高い順序付けは、真の順序付けである可能性が最も高い」と判断するのである。こうした統計的手法を最尤法という。最尤法は 1910 年代以降にロナルド・フィッシャーにより発案されたもので、コンドルセの時代にはまだ存在していない。

　本章のこれまでの節と同じく、$0.5 < v \leqq 1$ により、ひとりの投票者が正しい判断ができる確率を表す。ここで、真の順序付けの候補は 6 通り

$$xyz, \ xzy, \ yxz, \ yzx, \ zxy, \ zyx$$

ある。ここで例えば xyz が真の順序付けである確率はどの程度だろうか。以下、箇条書きにして論理を追っていこう。

- 投票者の総数は 13 人である。
- その内 8 人は x を y より高く順序付けているから、xyz が真であれば、その 8 人は x, y の判断については正しく、残る 5 人は間違っている。そして、13 人からの 8 人の選び方は $\dfrac{13!}{8!5!}$ 通りある。よって xyz が真であれば、13 人のうち 8 人が x, y の判断について正しい確率は

$$\frac{13!}{8!5!} v^8 (1-v)^5$$

である。

- その内 7 人は z を x より高く順序付けているから、xyz が真であれば、その 7 人は x, z の判断については間違っており、残る 6 人は正しい。そして、13 人からの 7 人の選び方は $\dfrac{13!}{7!6!}$ 通りある。よって xyz が真であれば、13 人のうち 7 人が x, z の判断について間違っている確率は

$$\frac{13!}{7!6!} (1-v)^7 v^6$$

である。

● その内 11 人は y を z より高く順序付けているから、xyz が真であれば、その 11 人は y, z の判断については正しく、残る 2 人は間違っている。そして、13 人からの 11 人の選び方は $\dfrac{13!}{11!2!}$ 通りある。よって xyz が真であれば、13 人のうち 11 人が y, z の判断について正しい確率は

$$\frac{13!}{11!2!} v^{11}(1-v)^2$$

である。

● 以上の議論より、「『8 対 5 で x が y に勝ち、7 対 6 で z が x に勝ち、11 対 2 で y が z に勝つという状況』が、xyz が真の順序付けであるもとで生まれる確率」は

$$\begin{aligned}
P(xyz) &= \frac{13!}{8!5!} v^8(1-v)^5 \cdot \frac{13!}{7!6!}(1-v)^7 v^6 \cdot \frac{13!}{11!2!} v^{11}(1-v)^2 \\
&= \frac{(13!)^3}{8!5!7!6!11!2!} v^{8+6+11}(1-v)^{5+7+2} \\
&= \frac{(13!)^3}{8!5!7!6!11!2!} v^{25}(1-v)^{14} \tag{2.13}
\end{aligned}$$

となる。以上の議論から明らかなように、(2.13) における v の肩にかかる 25 とは、x の y に対する得票数 8、x の z に対する得票数 6、y の z に対する得票数 11 の和である。$(1-v)$ の肩にかかる 14 についても同様である。

　順序付け xyz に対してそれが真である確率 $P(xyz)$ を求めたのと同じ方法により、他の順序についてもそれが真である確率をそれぞれ求めることができる。例えば xzy の場合、$P(xzy)$ はどうすれば求められるかというと、v の肩にかかる数が、x の z に対する得票数 6、z の y に対する得票数 2、x の y に対する得票数 8 の和である 16 なので

$$P(xzy) = \frac{(13!)^3}{8!5!7!6!11!2!} v^{16}(1-v)^{23}$$

が得られる。こうして得られる全ての結果をまとめると

$$P(xyz) = \frac{(13!)^3}{8!5!7!6!11!2!} v^{25}(1-v)^{14}$$

$$P(xzy) = \frac{(13!)^3}{8!5!7!6!11!2!} v^{16}(1-v)^{23}$$

$$P(yxz) = \frac{(13!)^3}{8!5!7!6!11!2!} v^{22}(1-v)^{17}$$

$$P(yzx) = \frac{(13!)^3}{8!5!7!6!11!2!} v^{23}(1-v)^{16}$$

$$P(zxy) = \frac{(13!)^3}{8!5!7!6!11!2!} v^{17}(1-v)^{22}$$

$$P(zyx) = \frac{(13!)^3}{8!5!7!6!11!2!} v^{14}(1-v)^{25}$$

となる。これら 6 個の確率の大小比較は容易である。そもそも係数

$$\frac{(13!)^3}{8!5!7!6!11!2!}$$

は共通なので、大小比較に際してここは無視してよい。そして $v > 0.5$ なので、これら 6 個の確率の大小比較は、v の肩にかかる係数の大小比較と等しい。ということは $25 > 23 > 22 > 17 > 16 > 14$ なので

$$P(xyz) > P(yzx) > P(yxz) > P(zxy) > P(xzy) > P(zyx)$$

が得られる。これら諸確率はその順序付けが真である確率を表しており、その値が最も高いのは xyz ということになる。

議論を整理しよう。ここで「x の y に対する得票数」を、$n(xy)$ のように表そう。そして「順序付け xyz の総当たりポイント」を

$$N(xyz) = n(xy) + n(yz) + n(xz)$$

のように定義する。参考までに、別の例として yzx を考えると

$$N(yzx) = n(yz) + n(zx) + n(yx)$$

である。このようにして最尤法の考え方に基づき、N が与えるポイントにより選択肢に順序付けを行う方法を**ヤングの方法**と呼ぶ[8]。

---

8) ヤングはこの方法の考案者として Kemeny (1959) にクレジットを与えている。しかし、ケメニーが考案した方法は、「投票者たちの順序付けと、最も距離が近い順序付け」と定義されるのが通常であり、それは実質的にヤングの方法と同じであっても概念がかなり異なるものだ。ケメニーの議論は、最尤法に関する議論と直接的な関係が薄いこともあり、ここではヤングの方法と呼ぶことにする。文献によってはコンドルセ=ケメニー=ヤングの方法と呼ぶものもある。

46 第2章 正しい選択への確率的接近

　ヤングの方法に関する議論は、選択肢が4つ以上存在する場合にも全く同様に展開できる。例えば4つの選択肢 x, y, z, w のもとでは

$$N(xzyw) = n(xz) + n(xy) + n(xw) + n(zy) + n(zw) + n(yw)$$

が、順序付け $xzyw$ が真である確率となる。第1.2.1項で用いた次の例を再考しよう。

	x	y	z	w
x	−	12	15	17
y	13	−	16	11
z	10	9	−	18
w	8	14	7	−

ここで、ヤングの方法により、$24 = 4!$ 通りある $N(\,\cdot\,)$ を計算すると、それが最大になるのは

$$N(yxzw) = 90 \tag{2.14}$$

である。

　ヤングの方法は、コンドルセの方法である「得票差の最も小さな結果を消す」ことと整合的なのだろうか。結論から言うとそうではない。実際、総当たり戦の結果のリスト

- 13対12で y が x に勝つ
- 15対10で x が z に勝つ
- 17対8で x が w に勝つ
- 16対9で y が z に勝つ
- 14対11で w が y に勝つ
- 18対7で z が w に勝つ

から「14対11で w が y に勝つ」を消去すると、ヤングの方法が支持する $yxzw$ が得られる。そして「14対11で w が y に勝つ」は、得票差が最も小さな結果ではない。コンドルセの方法だと得票差が最も小さな結果である「13対12で y が x に勝つ」を消すわけだから、ヤングの方法はコンドルセの方法と同じではなく、それを補正したものだと考えられる。ヤングの

方法は、ペア全勝者が存在する場合にはそれを選び取ることができるので、その意味ではコンドルセの意に適うものである (Levenglick 1975, Young and Levenglick 1978)。

第3章

ボルダルールの優越性

3.1 ボルダルールと他のルール

　選択肢が3つ以上存在するときに、多数決が集約ルールとして上手く機能しないことは、ペア全敗者を選び取りうることに端的に表されていた。そこで多数決の代替案として、ボルダはボルダルールを提案し、コンドルセはペア比較により「正しい確率が高い」選択肢を探し出す方法を考案した。そして、それらが往々にして異なる選択肢を選び取るのは、これまで何度か確認してきた通りである。Malkevitch (1990) は次の例を用い、こうした相違が他にも様々な集約ルールで発生することを指摘した。

	18人	12人	10人	9人	4人	2人
1位	x	y	z	w	u	u
2位	w	u	y	z	y	z
3位	u	w	u	u	w	w
4位	z	z	w	y	z	y
5位	y	x	x	x	x	x

　ここで以下の5つの集約ルールについて、結果の比較をしてみよう。

- まず多数決について考える。ここでは x が最多の18票を得る。
- 次にボルダルールを用いてみよう。詳細な計算は省くが、ここでは最多

の $p(w) = 191$ 点を w が獲得する。

● コンドルセのアイデアに従いペア全勝者を探せば、ここではそれが存在して u が選ばれる。

● 多数決を行い、勝者が過半数の票を獲得していればそこで終了し、過半数に足りない場合は上位 2 名で決選投票を行うルールを考えよう (**決選投票付き多数決**)。このルールは政党の党首選挙でよく用いられている。ここで最初の多数決では x が勝者だが得票数 18 は半数未満なので、2 位の y と決選投票が行われることになる。そして決選投票では y が 37 票を得て勝つことになる。

● 多数決を逐次的に行い、最少票数の選択肢を 1 つずつ落としていくルールを考えよう (**逐次消去ルール**)。すると一回目で 6 票しか取れない u がまず落ちて、二回目で 9 票しか取れない w が落ちて、三回目で 16 票しか取れない y が落ちて、四回目で 18 票しか取れない x が落ちて、最終的に z が残ることになる。

いま x はペア全敗者になっている。多数決がペア全敗者を選びうることはこれまで何度も指摘したことだが、ここでもそれが発生している。他の 4 つのルールはいずれもペア全敗者を選ばない集約ルールである。そしてそれらは x 以外の選択肢をバラバラに選んでいる。こうなると何が選ばれるかは、どの集約ルールを用いるかに完全に依存するということになってしまう。

ではどの集約ルールを選ぶべきなのだろうか。まず、ボルダやコンドルセが指摘したように、ペア全敗者を選び取る集約ルールは棄却してもよいだろう。この点から多数決は棄却される。決選投票付き多数決と逐次消去ルールは、ペア全敗者を選ぶことはないという意味で多数決の改良にはなっているが、いずれも「多数派の票が割れる」事態に上手く対処できない。

多数派の意思尊重を重視するならば、ペア全勝者は定義的にその理念に最も適合している。しかし問題は、ペア全勝者が存在する状況は多くないということだ。実際、コンドルセが「ペア全勝者が存在しない場合にどうするか」を論じていたのは第 1 章で見た通りである。ブラックはこれについ

て、ペア全勝者が存在する場合にはそれを選び取り、存在しない場合にはボルダ勝者を選ぶ、という方法を提案している (Black 1958)。これはボルダとコンドルセの折衷案とも言えよう。例えば

	佐藤	高橋	中野	浜田	松岡
1 位 (4 点)	x	y	y	z	z
2 位 (3 点)	w	x	x	x	y
3 位 (2 点)	z	z	z	y	x
4 位 (1 点)	y	w	w	w	w

にペア全勝者は存在しないが、ボルダ得点は $p(x) = 15$、$p(y) = 14$、$p(z) = 14$、$p(w) = 7$ なので、ブラックの折衷案によればここでは x を選ぶことになる。

ところで、この例では x, y, z でサイクルができており、また w はペア全敗者である。よって w が意思集約に実質的な役割を果たしていないように見えるかもしれないが、そうでもない。実際、ここでもし最初から w が存在しなかったら

	佐藤	高橋	中野	浜田	松岡
1 位 (3 点)	x	y	y	z	z
2 位 (2 点)	z	x	x	x	y
3 位 (1 点)	y	z	z	y	x

となり、このとき $p(x) = p(y) = p(z) = 10$ で全てが同順位となる。

つまりペア全敗者のように、選択肢としては重要でないものがボルダ勝者の決定に影響を与えるわけだ。これはボルダルールによる順位付けが、各選択肢の、全体における順位情報に敏感に反応するためである。これを問題視するならば、コンドルセのように全体における順位情報を一切用いず、ペア比較にこだわる発想が浮かんでくる。しかしそのこだわりを追求すると、まともに集約ルールを作ることはできないというのが、第 5 章で論じるアローの不可能性定理である。つまりここで述べたボルダルールの問題は、ボルダルールに限ったものではない。

ブラックによる、ペア全勝者が存在しないときにはボルダ勝者を選べば
よいという折衷案は、やや唐突で、選び方として整合性が乏しいようにも
思える。この点についてドナルド・サーリは、コンドルセの方針と折衷す
る必要も無く、最初からボルダルールを用いればよいと論じている (Saari
1995)。ブラックにせよサーリにせよ、ボルダルールに対して肯定的である
点については同じである。

　次節以降ではどのような意味でボルダルールは優れているのか論じてい
く。その前に別の集約ルールをふたつ紹介して、それらと比較することで、
ボルダルールの理解を深めておこう。

● 各投票者が一定の総得点を持っており、それを選択肢に自由に割り当て
る**自由割り当てルール**を考えてみよう[1]。例えば選択肢が 3 個で、ひとり
の投票者が 6 点持つものとする。この 6 点を 3 個の選択肢にどう割り振る
かは各投票者の自由である。一方で、ボルダルールは 1 位に 3 点、2 位に 2
点、3 位に 1 点という固定された値を割り振るルールである。自由割り当て
ルールのもとでは、例えば x を強烈に支持する投票者は、x に 6 点全てを
与えることができる。このことは一見、良さそうに思えるが、実際的な社会
的選択の場面においては、極端な見解を強固に支持する者の暴走をいかに
抑えるかが重要になることが多い。そうしたことを考えれば、ボルダルー
ルによる得点の付け方のほうが、安全性が高いものと考えられる。

● 各投票者がそれぞれの選択肢に対し「イエス」「ノー」を表明する**是認投
票**を考えてみよう[2]。このルールはイエスで 1 点、ノーで 0 点を付け、そ
の獲得点で選択肢を順序付けるものである。ボルダルールを実際に用いる
際には、投票者は、自分にとってどうでもよい下位の候補にまで細かく順序
を付けねばならない。一方で是認投票の場合は、投票者の判断は「イエス」

---

　1) このルールは、おそらく社会的選択理論ではあまり議論されることがないもので、
筆者はその標準的な名称を知らない。なお、筆者の知る限り、このルールについて最初に
論じたのは Daunou (1803) である。
　2) Brams and Fishburn (1978, 1983) は是認投票に関する近年の議論の火付け役で
ある。

「ノー」だけなので容易である。そしてまたこの容易さは、ボルダルールと違い細かな順序表明ができないことと表裏一体である。第7章で是認投票と、より細かな順序表明ができるマジョリティ・ジャッジメントについて論じる。

3.2　全員一致までの近さ

　ボルダルールは全員一致の原則を最も上手く緩和したものだという考え方がある。なお、ここで全員一致の原則とは、「全員が同じ選択肢を1位として認める状況では、その選択肢を選ぶ」ことを意味する。全員が同じ選択肢を1位とする状況では、意思集約においては対立が発生しない。そうした状況では単にその選択肢を選び取ればよいだけだし、常識的に定義されたあらゆる集約ルールはそうした選択を行う。問題は、全員一致の状況は滅多に訪れないということだ。例えば

	佐藤	高橋	中野	浜田	松岡
1位 (3点)	y	y	y	x	x
2位 (2点)	x	x	x	z	z
3位 (1点)	z	z	z	y	y

のケースは、当然ながらどの選択肢も全員一致の支持は受けていない。しかしここで、「全員一致の支持を受けていることに最も近いのは、どの選択肢か」を問うことは可能だ。

　いま x がボルダ勝者で、y がペア全勝者である。ここでまず各投票者の順位内で x を1位に上げていき、それに伴い x より上位の選択肢の順位を1つ下げていくと

	佐藤	高橋	中野	浜田	松岡
1位 (3点)	x	x	x	x	x
2位 (2点)	y	y	y	z	z
3位 (1点)	z	z	z	y	y

が得られる。具体的には、佐藤と高橋と中野について、x が1位になるよう

に、y を追い越させたわけだ。なお、浜田と松岡については x が最初から 1 位なので何も変更していない。全体としては、追い越し 1 回が 3 人で計 3 回、よって x は 3 回の追い越しで全員一致に到達できたことになる。

同様に、y を 1 位に上げていくと

	佐藤	高橋	中野	浜田	松岡
1 位 (3 点)	y	y	y	y	y
2 位 (2 点)	x	x	x	x	x
3 位 (1 点)	z	z	z	z	z

となる。ここでは浜田と松岡にとって 3 位だった y が、まず z を追い越して 2 位になり、次いで x を追い越して 1 位になるという操作を行っている。全体としては、追い越し 2 回が 2 人で計 4 回、よって y は 4 回の追い越しで全員一致に到達できたことになる。

更に z に対しても同様の操作をすれば、8 回の追い越しで全員一致に到達できる。こうして全員一致への近さを計測すれば、ボルダ勝者 x は他のどの選択肢よりも、全員一致の支持を受けていることに近い。この事実はいまの例のみならず常に成り立ち、ボルダ勝者は必ず最少回数の「追い越し」で全員一致に到達できる (Farkas and Nitzan 1979)。これは論理的にはボルダルールの定義からほとんど当たり前のことだが、全員一致の観点からボルダルールを支持するという着想は決して自明でない。実際、概念だけを考えてみれば、全員一致と相性が良さそうなのは、ボルダルールよりも、ペア全勝者の方である。と言うのは、ペア全勝者の定義には多数派の意思を尊重するという理念そのものが表れており、そして全員とは多数派の最たるものだからだ。しかしペア全勝者が本当に尊重しているのは、全員ではなく、過半数グループたちである。それゆえ全員一致への近さという観点からは、ボルダ勝者のほうがペア全勝者よりも望ましいということになる。

この議論を厳密に定式化したものを、以下に与えておこう。投票者を $i = 1, \ldots, n$ で表し、選択肢の数を m で表す。投票者 i が選択肢 x に与える順位を $r_i(x)$ で表せば（$r_i(x)$ は 1 以上、m 以下の整数）、投票者 i が選択肢 x に与えるボルダ得点 $p_i(x)$ は

$$p_i(x) = m - r_i(x) + 1$$

である。例えば x が 2 位ならば $r_i(x) = 2$ なので、そのとき x には $m - 2 + 1 = m - 1$ 点が入る。よって x が獲得するボルダ得点 $p(x)$ は、それらの総計

$$p(x) = \sum_{i=1}^{n} (m - r_i(x) + 1) = nm - \sum_{i=1}^{n} r_i(x) + n \tag{3.1}$$

で表される。

さて、前述のように、x が全員一致の支持を受けるよう個々人内での x の順位を 1 位になるまで上げていくと、各 i について $r_i(x) - 1$ 回の「追い越し」が必要だ。例えば x が 2 位ならば $r_i(x) = 2$ なので、$2 - 1 = 1$ 回の追い越しを行うことになる。よって x が全員一致の支持を受けるよう個々人内での順位を上げていくと、そのために必要な追い越しの総数 $s(x)$ は

$$s(x) = \sum_{i=1}^{n} (r_i(x) - 1) = \sum_{i=1}^{n} r_i(x) - n \tag{3.2}$$

で与えられる。

定理 10 ボルダ勝者である選択肢 x と、ボルダ勝者でないどのような選択肢 y についても

$$s(x) < s(y)$$

が成り立つ。つまりボルダ勝者は全員一致への「追い越し回数」を最少化する選択肢である。

[証明] いま x はボルダ勝者で、y はボルダ勝者ではないので、$p(x) > p(y)$ が成り立つ。よって (3.1) より

$$nm - \sum_{i=1}^{n} r_i(x) + n > nm - \sum_{i=1}^{n} r_i(y) + n$$

が成り立ち、これは

$$\sum_{i=1}^{n} r_i(x) < \sum_{i=1}^{n} r_i(y)$$

を意味する。よって (3.2) より

$$s(x) = \sum_{i=1}^{n} r_i(x) - n < \sum_{i=1}^{n} r_i(y) - n = s(y)$$

が得られた。 □

　ところで、ボルダ勝者が複数存在するときにはそれらの「追い越し回数」
は一致する。つまり、もし x と y がともにボルダ勝者なら、$s(x) = s(y)$ で
ある。このことは定理 10 と同様に、容易に証明できる。

3.3　ペア比較における平均得票率の最大化

　本節ではペア比較における平均得票率の概念を導入し、ボルダルールが
それを最大化することを明らかにしていく。ボルダルールは各選択肢の全
体における位置付けを反映させる集約ルールであり、これはペア比較を重
視するコンドルセの立場と相容れないというのがこれまでの議論であった。
しかしここでは、ペア比較という、コンドルセと近い立場からボルダルール
の優越性を示すことになる。なお、本節の議論は Black (1976) と、それを
整理した Coughlin (1979) に基づく。

　投票者数を n、選択肢数を m で表し、ある選択肢 x について考える。そ
して y を x と異なる選択肢とする。ここで、もし投票者 i が x に y より高
い順位を与えるならば

$$h_i(x, y) = 1$$

と書き、また y に x より高い順位を与えるならば

$$h_i(x, y) = 0$$

と書くことにする。すると x に y より高い順位を与える投票者の総数は

$$\sum_{i=1}^{n} h_i(x, y)$$

となり、x と y のペアごとの多数決における x の得票率は

$$\frac{\sum_{i=1}^{n} h_i(x, y)}{n}$$

により表される。

　ここで x の、$m - 1$ 個存在する他の選択肢 $y \neq x$ に対する、ペアごとの
多数決における**平均得票率**を

$$f(x) = \frac{\displaystyle\sum_{y \neq x} \frac{\sum_{i=1}^{n} h_i(x,y)}{n}}{m-1}$$

として定義する。ふたつの重要な事柄を述べておこう。

● もし x が全ての投票者にとって 1 位ならば、$h_i(x,y) = 1$ がいずれも満たされるので、$f(x) = 1$ となる。つまり全員一致で 1 位になる選択肢には 1 が付く。

● もし x が全ての投票者にとって最下位 (m 位) ならば、$h_i(x,y) = 0$ がいずれも満たされるので、$f(x) = 0$ となる。つまり全員一致で最下位になる選択肢には 0 が付く。

こうして f を見てみると、これは全員一致の支持への近さを表す尺度としても理解できることが分かる。そしてこの尺度は、第 3.2 節で扱った「全員一致に到達するまでに必要な追い越し総数」ともまた異なり、あくまでペア比較に基づき、得票率という観点から投票者による支持の度合いを測るものだ。

平均得票率の式は次のように書き換えていくことができる。まず

$$\begin{aligned}
f(x) &= \frac{\displaystyle\sum_{y \neq x} \frac{\sum_{i=1}^{n} h_i(x,y)}{n}}{m-1} \\
&= \frac{1}{n(m-1)} \sum_{y \neq x} \sum_{i=1}^{n} h_i(x,y) \\
&= \frac{1}{n(m-1)} \sum_{i=1}^{n} \sum_{y \neq x} h_i(x,y)
\end{aligned} \tag{3.3}$$

が成り立つ。

いま投票者 i が選択肢 x に与えるボルダ得点 $p_i(x)$ は

$$p_i(x) = \sum_{y \neq x} h_i(x,y) + 1$$

であることに注意されたい。これは、$\displaystyle\sum_{y \neq x} h_i(x,y)$ が x の下に位置する選択肢の総数を表し、それゆえ x は下から $\displaystyle\sum_{y \neq x} h_i(x,y) + 1$ 番目だからである。

よって (3.3) より

$$f(x) = \frac{1}{n(m-1)} \sum_{i=1}^{n} (p_i(x) - 1)$$

$$= \frac{1}{n(m-1)} \sum_{i=1}^{n} p_i(x) - \frac{n}{n(m-1)}$$

$$= \frac{1}{n(m-1)} \sum_{i=1}^{n} p_i(x) - \frac{1}{m-1}$$

が得られる。そして x のボルダ得点が $p(x) = \sum_{i=1}^{n} p_i(x)$ であることに注意すると

$$f(x) = \frac{p(x)}{n(m-1)} - \frac{1}{m-1} \tag{3.4}$$

であることが分かる。

定理 11 ボルダ勝者である選択肢 x と、ボルダ勝者でないどのような選択肢 y についても

$$f(x) > f(y)$$

が成り立つ。つまりボルダ勝者は平均得票率を最大化する選択肢である。

［証明］ いま x はボルダ勝者で、y はボルダ勝者ではないので、$p(x) > p(y)$ が成り立つ。よって (3.4) より

$$f(x) = \frac{p(x)}{n(m-1)} - \frac{1}{m-1} > \frac{p(y)}{n(m-1)} - \frac{1}{m-1} = f(y)$$

が成り立つ。 □

ところで、ボルダ勝者が複数存在するときには、それらの得票率平均は一致する。つまり、もし x と y がともにボルダ勝者なら、$f(x) = f(y)$ である。このことは定理 11 と同様に証明できる。

3.4 ペア全敗者を選ばない唯一のスコアリングルール

ボルダルールはスコアリングルールの一種だが、これらのルールについて第 1 章で得られた結果をまとめておこう。

3.4 ペア全敗者を選ばない唯一のスコアリングルール

- ボルダ勝者はペア全敗者ではない (定理 1)。
- どのようなスコアリングルールであっても、その勝者がペア全勝者でないことがある (定理 3)。

ではボルダルール以外に、ペア全敗者を決して選ばないスコアリングルールは存在するのだろうか。この問いは Fishburn and Gehrlein (1976) が考察したもので、彼らはそのようなスコアリングルールが存在しないと論じているが、その証明は与えていない[3]。これからその証明を $m = 3$ のケースで与えるが、若干の準備が必要である。

いま $m = 3$ とする。本書ではボルダルールが各選択肢に付ける得点を

$$a_1 = 3, \quad a_2 = 2, \quad a_3 = 1$$

と定めている。この定義において重要なのは、順位が 1 つ下がったときに、常に 1 点という一定の値が下がることである。だから例えばボルダルールを

$$a_1 = 2, \quad a_2 = 1, \quad a_3 = 0$$

や

$$a_1 = 4, \quad a_2 = 3, \quad a_3 = 2$$

と定めていても、これまで及びこれからのボルダルールについての議論に全く影響は出ない。実際のところ、順位間の得点差が 1 点であるということも本質的ではない。

より正確には、もしあるスコアリングルールが

$$a_1 - a_2 = a_2 - a_3 > 0 \tag{3.5}$$

を満たすならば、そのスコアリングルールが選択肢に与える順序付けは、ボルダルールによるものと完全に等しい。すなわち (3.5) を満たすスコアリングルールは、ボルダルールそのものであると言ってよい。逆に言えば、ボルダルールでないスコアリングルールとは、(3.5) が成り立たないもののことである。これを念頭に置き次の定理に向かおう。

---

3) Fishburn and Gehrlein (1976) の Corollary 1 がそれにあたる。彼らは「Smith (1973) と同様に示せる」のように述べているが、それは自明な主張ではない。

60   第 3 章　ボルダルールの優越性

定理 12　ボルダルールでない、どのようなスコアリングルールについて
も、その勝者がペア全敗者であることが起こり得る。

[証明]　ここでは $m = 3$ のケースについてのみ証明を与えておく[4]。ボ
ルダルールでないスコアリングルールということは、(3.5) が成り立たない
ということなので、そのスコア $a_1 > a_2 > a_3$ について

$$a_1 - a_2 \neq a_2 - a_3$$

が成り立つ。

まず $a_1 - a_2 < a_2 - a_3$ の場合について考える。すると $2a_2 - (a_1 + a_3) >$
0 なので、十分大きな整数 k について

$$k(2a_2 - (a_1 + a_3)) > a_1 - a_3 \tag{3.6}$$

が成り立つ。

ここで

	k 人	k 人	1 人
1 位 (a_1 点)	y	z	y
2 位 (a_2 点)	x	x	z
3 位 (a_3 点)	z	y	x

を考えてみると、x はペア全敗者である。さて、各選択肢が獲得する総スコ
アを計算すると

$$p(x) = 2ka_2 + a_3$$
$$p(y) = ka_1 + ka_3 + a_1$$
$$p(z) = ka_1 + ka_3 + a_2$$

となっている。そして (3.6) より、$p(x) > p(y) > p(z)$ が成り立つことが
容易に確かめられる。よってペア全敗者である x がこのスコアリングルー
ルの勝者となっている。

―――――――――――――――――
　4)　一般の $m \geqq 3$ についての証明は Okamoto and Sakai (2019) が与えている。

次に $a_1 - a_2 > a_2 - a_3$ の場合について考える。いま十分大きな整数 k について

$$\frac{k-1}{k}a_1 - a_2 > a_2 - \frac{k+1}{k}a_3 \tag{3.7}$$

が成り立つ (k が大きければ、$\dfrac{k-1}{k}$ と $\dfrac{k+1}{k}$ は、ほぼ 1 の値を取るから)。

ここで

	$k-1$ 人	k 人	k 人	k 人
1 位 (a_1 点)	x	x	y	z
2 位 (a_2 点)	z	y	z	y
3 位 (a_3 点)	y	z	x	x

を考えてみると、x はペア全敗者である。そして、各選択肢が獲得する総スコアを計算すると

$$p(x) = (2k-1)a_1 + 2ka_3$$
$$p(y) = ka_1 + 2ka_2 + (k-1)a_3$$
$$p(z) = ka_1 + (2k-1)a_2 + ka_3$$

となっている。まず $p(y) > p(z)$ は明らか。

すると (3.7) より

$$(k-1)a_1 - ka_2 > ka_2 - (k+1)a_3$$

だが、この両辺に $ka_1 + ka_2 + 2ka_3$ を足すと

$$p(x) = (2k-1)a_1 + 2ka_3 > ka_1 + 2ka_2 + (k-1)a_3 = p(y)$$

が成り立つことが分かる。よってペア全敗者である x がこのスコアリングルールの勝者となっている。 □

定理 1 と定理 12 から以下のように結論付けることができる。

定理 13 ボルダルールはペア全敗者を勝者とすることがない唯一のスコアリングルールである。

ボルダルールに対する批判として、その得点の付け方が恣意的だという

ものがある。しかしスコアリングルールに対し、ペア全敗者を選び取らないことを求めるならば、その得点の付け方はボルダルールのようでなければならないというわけである。ボルダルールは、スコアリングルールという順位情報を活用する集約ルールの一種でありながら、ペア全敗者を選ばないというペア比較基準を満たす。その意味でボルダルールはふたつの集約方針の折衷案だと言える。

第4章

政治と選択

4.1 単峰的順序とペア全勝者の存在

本章で扱う内容の多くは、ダンカン・ブラック (1908–1991 Black) により発見された、ひとつのきわめて興味深い事実に関係している。それは人々の順序付けが単峰性という条件を満たすときには、ペア全勝者が存在するということだ (Black 1948a,b)。ペア全勝者を選ぶというコンドルセの着想は、彼自身が強く自覚していた通り、ペア全勝者が往々にして存在しないという点が問題であった。しかし単峰性の成立が見込まれる状況では、その問題は解消されることになる。

ところで、ブラックは単峰性について一連の研究成果を上げた後、社会的選択理論の歴史についての調査を始めるが、それによりボルダやコンドルセによる古典文献が一躍脚光を浴びるようになった。第1章と第2章で触れたコンドルセ陪審定理の発掘は、その中でも特に重要なものである。またブラックはそれとともに、第3章で論じたような、ボルダルールの再評価に関する研究も行った。入手困難な多くの古典文献を英訳してまとめ上げた McLean and Hewitt (1994) は、ブラックに「われわれに道筋の全てを示した」として献辞を与えている。

単峰性の話を始める前に、ペア全勝者が存在しないケースとして

第4章 政治と選択

	佐藤	高橋	中野
1位	x	y	z
2位	y	z	x
3位	z	x	y

を考えてみよう。この表に対応して、選択肢 x, y, z をこの順に横並びに書き、各投票者がもつ順序を高さで図示すると

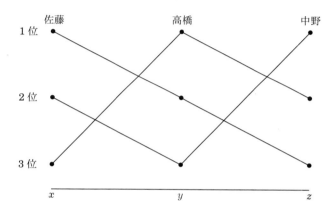

となる。この図の特徴は、「山」と「谷」がともにあることだ。つまり佐藤については x を峰とする右下がりの山、高橋については y を峰として左右に稜線を描く山になっているが、中野については y が谷底になっており山になっていない。

ここで中野の順序も「山」になるよう

	佐藤	高橋	中野
1位	x	y	z
2位	y	z	y
3位	z	x	x

に変えてみよう。そして、同じくこの表に対応して、選択肢 xyz を横並びに書き、各投票者がもつ順序を高さで表示すると

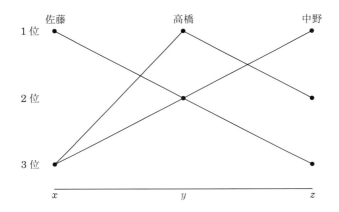

となる。これにより全員の順序が、それぞれ形は異なるものの、峰を持つ山として図示されたことになる。投票者間で順序が**単峰的**であるとは、誰についても、これから**峰**と呼ぶ 1 位の選択肢がひとつあり、そこから離れる選択肢を低く順序付けることを意味する。中野の順序を変更する前は、z から離れた x の方が y より高く順序付けされていたので単峰的ではない。

選択肢がひとつの争点のみに関わるときには、単峰性を想定するのは自然なことが多い。例えば争点が外交姿勢だとして、選択肢が

$$x = 穏健、\quad y = 中間的、\quad z = 強硬$$

を表すとすれば、x を 1 位にする者は、y を 2 位、z を 3 位にすると考えるのが妥当である。また、逆に z を 1 位にする者は、y を 2 位、x を 3 位にするのが通常だろう。なお、y を 1 位にする者が、x と z のどちらを 2 位にするかは、この議論においては影響を及ぼさない。どちらが 2 位であろうとも、y を峰とする山であることに変わりは無いからだ。

選択肢の数が増えてもこれは同様で、例えば

$$x = 穏健、\quad y = やや穏健、\quad z = 中間的、\quad w = やや強硬、\quad v = 強硬$$

とすれば、y を 1 位にする者は、y を z より、z を w より、w を v より高く位置付けるのが通常であり、このとき単峰性が成立する。なお、この場

合、x は (1 位以外の) 何位であっても単峰性は成り立つ。例えば x が 3 位ならば

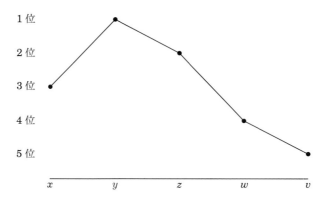

であり、順序が y を峰とする山として描写されるので単峰的だが、これは x が他の順位であっても同様に成り立つ。

参考までに、z を峰とする単峰的な順序の例を図示しておこう。

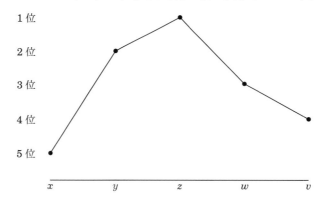

外交姿勢以外にも、単峰性の想定が妥当な例は多く存在する。税率はその典型例である。例えばいま、各選択肢はそれぞれ税率を表し

$$x = 0\%, \quad y = 2\%, \quad z = 4\%, \quad w = 6\%, \quad v = 8\%$$

だとする。すると外交姿勢のケースと同様に、各投票者は「自分がベストと

判断する選択肢が存在して、そこから離れた選択肢は好ましくない」と考えるのが自然だろう。ここで、各政策を支持する投票者のパーセントを $q(\cdot)$ で表し

$$q(x) = 45、\quad q(y) = 13、\quad q(z) = 17、\quad q(w) = 13、\quad q(v) = 12$$

だとして考えてみよう。つまり x が峰である投票者が 45% で、y が峰である投票者が 13% という具合である[1]。なお、これらの数値は説明の便宜性のため用いているだけであり、他の数値であっても以後と同様の議論は成り立つ。

　ここでポイントとなるのは、単峰的な順序を持つ x の支持者は、y と z では、y の方が x に近いのでそちらに票を入れるということである。よって y と z のペア多数決では、y は計 58% の票を得て勝つ。この理屈はペア多数決のいずれにおいても成り立つので、ここで y に関するペア多数決の結果をリストアップすれば次のようになる。

- 55 対 45 で、y が x に勝つ
- 58 対 42 で、y が z に勝つ
- 58 以上 対 42 以下で、y が w に勝つ（z の支持者は w を支持しうる）
- 58 以上 対 42 以下で、y が v に勝つ（z, w の支持者は v を支持しうる）

よって y がペア全勝者である。

　この y が何かと言うと、票の**中位**に位置する選択肢である。そして中位とは、ちょうど「一方の端から票の和を数えても半数に達し」、また「もう一方の端から票の和を数えても半数に達する」点のことである。実際ここで、一方の端である x から数えていくと x では 45% だが、y では 58% となり半数に達する。また、もう一方の端である v から数えると v で 12%、w で 25%、z で 42%、そして y で 55% と半数に達する。こうした選択肢のことを**中位選択肢**という。単峰性が成り立つときには、中位選択肢が必ずペア全勝者となっている。このことを**中位投票者定理**という。

---

　1) この例およびそれに関する議論は坂井 (2012) に基づく。

68 第 4 章 政治と選択

4.2 実証政治理論と中位投票者定理

これまで本書では集約ルールの性質や、集約ルールが選び取るべき選択
肢が何であるかについて考察を行ってきた。やや大雑把に言えば、これら
は集約ルールを「どう作ればよいか」という設計に関わる分析である。一
方、本節では「何が選ばれてしまうか」という事実解明的な分析を行う。よ
り具体的には、ひとつの争点だけが存在して、投票者間で選択肢への順序が
単峰的なとき、二大政党の政策競争の末にどの政策が実現するかという問
題を考察する。Downs (1957) はこうした研究の嚆矢であり、彼は二大政党
が互いに票を奪い合う政策設定の競争を、Hotelling (1929) による、二企
業が互いに顧客を奪い合う立地設定の競争に見立てて考察を行った[2]。ブ
ラックやダウンズの研究をきっかけに、こんにち実証政治理論と呼ばれる
学問領域が確立した[3]。

いま 5 つの選択肢 x, y, z, w, v が存在して、単峰性が成り立つケースを考
える。前節と同じく、各政策を支持する投票者のパーセントを $q(\,\cdot\,)$ で表し

$$q(x) = 45、\quad q(y) = 13、\quad q(z) = 17、\quad q(w) = 13、\quad q(v) = 12$$

とする。ここで二大政党が存在して、彼らが政策として掲げる選択肢を選

---

[2]　本節で扱うのは Downs (1957) により展開された議論の一部に関係している。た
だしダウンズはそうした議論を行うためのモデルをあまり厳密に組み立てたわけではな
い。ここで述べる中位投票者定理についても、彼にどれほどのクレジットを与えるのが適
切かは自明でない。実際、ダウンズはアローの不可能性定理 (第 5 章、定理 16) について
言及する一方で、より関連深い成果である、単峰性のもとでのアローの可能性定理 (第 5
章、定理 18) については何も触れていない。また彼はブラックの論文も引用していない。
ダウンズはアローやブラックの議論に、実質的に関心が無かったように見える。実際、彼
は当時既に定着していたと思われる「中位 (median)」でなく、ホテリングの立地モデル
と馴染み深い「中心 (center)」という言葉を使っているが、これは投票を扱う際には違和
感のある言葉の用法だ。また、Downs (1957, p. 143) にある 3 つの図表はいずれも、投
票者の峰が左右対称に分布する状況を描いており、彼はそのような状況のみを念頭に置い
ていたのだと思われる。そのときには分布には明らかに中心と呼べる点が存在し、それは
中位と一致するからだ。しかしその議論をもって、「中位」投票者定理の成立とみなすの
には無理がある。

[3]　Positive Political Theory のことである。代表的なテキストに Austen-Smith
and Banks (2001) がある。

び取る状況を考えてみよう。投票者は選挙において、自らの「峰」に近い方の政策を掲げる政党に票を入れるものとする。

いま仮にある政党が y を、別の政党が z を政策に掲げたとしよう。ここでポイントは、x の支持者は、y と z では、y の方が x に近いのでそちらに票を入れるということである。よって y を掲げる政党は、y と x の支持者の計 58% の票を得る。同様の理由により、z を掲げる政党は、z と w と v の支持者の計 42% の票を得る。よってこの場合、y を掲げる政党が選挙で勝つ。実際のところ、y は他のどの政策に対しても勝てる。例えば相手が x を掲げたとしても、x が y と対決して得られる票は 45% であり、y は 55% の票を得て勝てる。この議論の運びは、前節で y がペア全勝者であることを確かめたときと同じである。すなわち y を政策として掲げた政党は、他の選択肢を政策として掲げた政党には必ず勝てることになる。

こうした力学を経て、二大政党の政策はともに y へと収束する。そして、両者が y を政策として掲げるので、結果として y が実現する運びとなる[4]。二大政党の政策は基本ラインが似ていることが多いが、この議論はその事実の有力な説明になっている。このように、争点がひとつの選挙において、二大政党による政策競争が、ペア全勝者である中位選択肢を実現させることも、中位投票者定理という[5]。

民意の反映としてペア全勝者を選ぶことを選挙の目的とするならば、二大政党による政策競争の機能は優れていると言える。しかし同時にこの定理は、良くも悪くも、中位選択肢として現れる「民意」に迎合せねば選挙で勝てないという強い圧力を表すものとしても読める。

4.3　中位ルールと戦略的操作

本節は、筆者が昔、実際に体験した以下のエピソードから話を進める[6]。

---

[4]　ゲーム理論の言葉を用いれば、各政党とも y を選択するのが弱支配戦略になっている。

[5]　中位投票者定理と呼ばれる成果はいくつかある。本書で扱うのはいずれも単純なものだ。

[6]　本節の議論は坂井 (2007) に多くを依っている。

私が大学院生だったころ、次のようなことがあった。院生は共用の休憩室を与えられており、そこの利用ルールの改正は、毎年の院生総会により皆で合議されることとなっていた。その年の主な議題は喫煙制限の無かった休憩室に何らかの制限を設けることであり、紛糾が予想されていた。現在では共用施設で喫煙などあり得ないという考えが社会通念だろうが、当時は喫煙に対してずいぶん寛容であった。

　総会は例年より長引き、喫煙制限のあり方について様々な意見が出された。私を含む嫌煙者は休憩室の全面禁煙を主張していた。喫煙者は全体としては少数派だし、そもそも煙草は負の外部性が高いことが明らかなので、全面禁煙の主張は多数の支持を得られるだろうと私は考えていた。しかしその予想通りには進まなかった。全面禁煙では喫煙者が気の毒だという非喫煙者が一定数存在し、喫煙者から妥協案として出された時間分煙の提案を彼らは支持し始めたのだ。これは私を含む全面禁煙派にとっては大きな痛手であった。見込んでいた彼らの支持を失ったばかりか、全面禁煙の案が、過激な主張であるかのような印象を全体に与えてしまったからだ。議論が進むにつれ、総会の趨勢は時間分煙の支持に向かっているようであった。残念だが仕方ない、時間分煙だけでも前進ではないか、と私は半ば諦めていた。

　いよいよ総会は、全面禁煙か時間分煙のどちらかに投票という段階になった。そのとき、ある喫煙者が「全面禁煙があるのなら全面喫煙も選択肢に入れてくれ」と要求した。全面喫煙という言葉の響きが可笑しかったのか、どっと笑いが起こったが、提案としては筋が通っている。そこで全面喫煙も多数決の選択肢として加わることになった。この選択肢の導入が結果を大きく変えてしまった。もともとは時間分煙に集まるはずだった票が、時間分煙と全面喫煙に割れてしまい、全面禁煙の案が最多票を獲得してしまったのだ。かくて全面禁煙は実施され、愛煙家たちは屋外の喫煙所で残念会を開く羽目になった。

　このエピソードに対応する次の例を用い、考察を進めてみよう。そして今後

$x =$ 全面禁煙、 $y =$ 時間分煙、 $z =$ 全面喫煙

と表す。そして嫌煙者は 4 人おり xyz の順序、時間分煙を支持する非喫煙者は 2 人おり yxz の順序、喫煙者は 3 人おり zyx の順序を付けるものとする。なお、順序が yzx であるような、時間分煙を支持する喫煙者も存在すると考えるのは自然だが、ここでの議論に本質的でないので扱わない。これら 9 人の投票者の順序を表で書くと

	4 人	2 人	3 人
1 位	x	y	z
2 位	y	x	y
3 位	z	z	x

であり、これに対応する図は

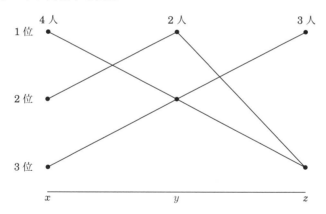

となる。

3 つの選択肢について多数決を取った場合、x が最多の 4 票を得て勝つ。しかし、ペア多数決の結果をまとめれば

- 5 対 4 で、y が x に勝つ
- 6 対 3 で、x が z に勝つ
- 6 対 3 で、y が z に勝つ

ことになる。つまり y はペア全勝者で、z はペア全敗者だ。もし z が選択

肢として加えられておらず、x と y の間で多数決を取っていれば、y が勝つことができた。つまり z が選択肢として追加されたことで、勝者は y から x へと変わった。これは選択肢を追加することの趣旨に反する変化である。というのは、z は喫煙者にとって最も望ましい選択肢であり、それを支持することが可能になったゆえに、結果が逆方向の x へと移ったからだ。なお、z はペア全敗者であり、全体における重要性は低い選択肢である。選択肢が3つ以上あるときに、多数決が集約ルールとして機能不全をきたすことはこれまで何度も論じてきたが、この例ではそれが端的に表れている。

　ところで、選択肢 z が追加されたときに、y を支持する非喫煙者 2 名と z を支持する喫煙者がともに「y に投票しよう」と協力すれば、5 票を得て y を x に勝たせることができた。これはいわば、戦略的行動によって、彼らにとって望ましい方向へ (x から y へ) 結果を誘導できたことを意味する。そうした戦略的行動がなされると、人々の考えを正しく集めて社会的決定を行うことができない。また、戦略的行動が様々な人々により行われると、それらの行動が互い違いになり、例えば「本来は一番人気の選択肢なのだが、その支持者たちは『どうせ勝てない』と予想してしまい、別の次善の候補に投票する」ような事態が生じうる。このとき多数決は人気投票ですらない。

　以上の、多数決に関する難点を 2 つまとめておこう。

- 喫煙者にとって真に望ましい選択肢である全面喫煙が新たに選択肢として加わったせいで、彼らにとって最も嫌な選択肢である全面禁煙が勝ってしまった。これを**結果の逆変化**と呼ぶ。これはまた、意図的に選択肢の数を増やすことで、相手の票を割ることができるということでもある。

- 新たに z が加わっても、もし y を支持する非喫煙者と喫煙者が協力して y に投票すれば、分煙を勝たせることができた。これを**戦略的操作への脆弱性**と呼ぶ。

　これらの難点を克服する集約ルールは存在するかというのが本節の問いであり、それは**中位ルール**だというのが答だ。中位ルールとは、各投票者は自身の峰である選択肢に投票し、その中での中位を選び取る方法である。この例だと、x に 4 票、y に 2 票、z に 3 票が集まり、中位は y になる。と

いうのは y は x 側から数えて 5 票目になっているし、z 側から数えても 5 票目になっているからだ。更に例を挙げると、x に 1 票、y に 2 票、z に 6 票の得票が集まった場合の中位は z となり、x に 4 票、y に 1 票、z に 4 票が集まった場合の中位は y となる。

投票者数が偶数のとき中位はふたつ存在しうるが、その際に中位ルールは常に上方の中位を選ぶ、または常に下方の中位を選ぶものとする。例えば選択肢が数値だとして、投票者 6 人の峰がそれぞれ

$$1, 3, 6, 7, 8, 9$$

だとすると、常に上方の中位とするなら 7 を、常に下方の中位とするなら 6 を、中位ルールは選ぶ。以後の議論で中位というときは、n が奇数だとか偶数だとかいちいち断らず、偶数であるなら常に上方または常に下方の中位を指すものとする。なお、投票者数が偶数でも、中位がひとつしか存在しない状況は多くある。例えば

$$1, 3, 6, 6, 8, 9$$

の中位はただひとつ 6 である。

中位ルールは結果の逆変化を起こさない。実際、x と y について多数決が行われるケースでは、嫌煙者 4 人は x に、それ以外の 5 人は y に投票するので、中位は y となりそれが選択される。更に、z を新たに選択肢として追加しても、これまで見たように y が選ばれる。すなわち結果の逆変化が起こらない。

また、中位ルールのもとでは誰も戦略的操作を起こすインセンティブが無い。つまり y でない、自分にとってより望ましい選択肢へと、結果を変えることができない。

- 嫌煙者は x のほうが y より望ましいが、x 以外の選択肢に投票しても、他の 5 人が y や z に票を入れる限り x が実現することはない。
- y を支持する非喫煙者は、そもそも y 以外の選択肢に投票するインセンティブが最初からない。
- 喫煙者は z のほうが y より望ましいが、z 以外の選択肢に投票しても、他の 6 人が y や x に票を入れる限り z が実現することはない。

74　　　　　　　　　第 4 章　政治と選択

　単峰性が成り立つモデルでの、中位ルールのこうした性質を**耐戦略性**という (Black 1948a, p. 29; Dummett and Farquharson 1961, p. 39)。次の定理は以上の議論を丁寧に表現したものである。

　定理 14　一次元に並んだ選択肢 $x_1, \ldots, x_m$ について各投票者 i は単峰的な順序をもつとし、その峰を g_i と記す。この g_i は選択肢 $x_1, \ldots, x_m$ のどれかである。n 人の投票者の峰の組 $g = (g_1, \ldots, g_n)$ について、その中位を $\mathrm{med}(g)$ で表す。また、ある i だけが g_i を g_i' に変えたときの中位を $\mathrm{med}(g_i', g_{-i})$ で表す。

　もし i について $g_i > \mathrm{med}(g)$ ならば、いかなる g_i' についても $\mathrm{med}(g) \geqq \mathrm{med}(g_i', g_{-i})$ が成り立つ。つまり i の理想点である g_i より中位ルールの結果 $\mathrm{med}(g)$ が低いとき、i は別の g_i' を表明しても結果を自分の望む方向へと上げられない。

　同様に、もし i について $\mathrm{med}(g) > g_i$ ならば、いかなる g_i' についても $\mathrm{med}(g_i', g_{-i}) \geqq \mathrm{med}(g)$ が成り立つ。つまり i の理想点である g_i より中位ルールの結果 $\mathrm{med}(g)$ が高いとき、i は別の g_i' を表明しても結果を自分の望む方向へと下げられない。

　［証明］　いま i が $g_i > \mathrm{med}(g)$ だとする。もし $g_i \geqq g_i'$ ならば、明らかに $\mathrm{med}(g) \geqq \mathrm{med}(g_i', g_{-i})$。もし $g_i' > g_i$ ならば、このとき $g_i' > g_i > \mathrm{med}(g)$ なので

$$g_1, \ldots, g_{i-1}, g_i, g_{i+1}, \ldots, g_n$$

と

$$g_1, \ldots, g_{i-1}, g_i', g_{i+1}, \ldots, g_n$$

の中位は一致する、つまり $\mathrm{med}(g) = \mathrm{med}(g_i', g_{-i})$ が成り立つ。例えば $n = 5$ のとき

$$1, 3, 6, 8, 9$$

の中位は 6 だが、ここで投票者 4 が $g_4 = 8$ を $g_4' = 100$ に変えて

$$1, 3, 6, 100, 9$$

となっても中位は 6 のままである。

同様に $\mathrm{med}(g) > g_i$ のケースも示せる。　　　　　　　　　　□

この定理が示すような戦略的操作への強さは、特に 1970 年代以降に経済学で急速に注目が集まり研究が進んだもので、現在は**メカニズムデザイン**という、社会的選択理論と共通部分の多い隣接分野を形成している。

4.4　ボルダルールについての補足

単峰性が成り立つときにボルダルールについて考察することは、ほとんど行われていない。これは中位ルールが明らかに優れた性質を多く有するので、他のルールに研究者の関心が向かなかったからだろう。しかし第 3 章で論じた、ボルダ勝者が全員一致の支持へ最も近く、また平均得票率を最大化するということは、単峰性と無関係に常に成り立つ強い事実である。よって単峰性が成り立ち、ペア全勝者を選び取る中位ルールという、コンドルセの方針に最も適う集約ルールが存在するからと言って、それは直ちにボルダルールの棄却を導くわけではない。

ここでは単峰性が成立してもなお、ボルダ勝者とペア全勝者は異なりうることを確認しておく。いま

	3 人	4 人
1 位	y	z
2 位	x	y
3 位	z	x

について考えれば、これらを図示すると次ページのようになるので単峰性が成立している。ここで z はペア全勝者である。一方、ボルダ得点を計算してみると

- $p(x) = 6 + 4 = 10$
- $p(y) = 9 + 8 = 17$
- $p(z) = 3 + 12 = 15$

なので、y がボルダ勝者だ。つまり先に述べたように、単峰性が成立して

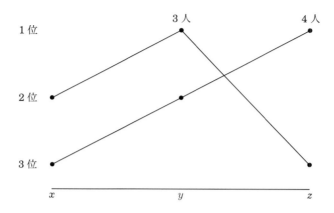

もなお、ボルダ勝者とペア全勝者は異なりうる。これらが一致する条件を Feld and Grofman (1988) は与えているが、選択肢の集合が無限集合であることを求めており、有限個の選択肢のもとでなされる通常の議論と接続は良くない。Sakai (2015) は彼らと同様の分析を有限個の選択肢のモデルで展開し、ボルダ勝者がペア全勝者になるための十分条件を導出している。ただし単峰性が成り立つ状況では、これらの研究を除くと、ペア全勝者およびそれを選ぶ中位ルール以外についての分析は非常に少なく、未知の点が多い。

4.5　オストロゴルスキーとアンスコムのパラドックス

この章ではこれまで争点がひとつだけ存在するケースを扱ってきたが、本節では争点が複数存在するときに生じるふたつのパラドックスについて紹介する。それらは必ずしも単峰性と明示的な関係があるわけではないが、議論が比較的近いのでここで扱う[7]。

民主主義社会においては、有権者が直接的に政策の立案や決定に関わるのではなく、地方議員や国会議員など政治家の選出を通じて間接的に関わ

---

[7] 争点が複数存在するケースで単峰性が成り立つモデルを立てると、ペア全勝者の存在とこれらのパラドックスには深い論理関係があることが、Nurmi and Saari (2010) により明らかにされている。技術的に高度なテーマであり本書では扱わない。

ることが多い。こうした間接選挙の難点は、財政や外交や環境など多数の重要な争点が存在するときにも、個別の争点ごとにでなく、一人の候補に全ての争点を託して投票せねばならないことだ。

しかし選挙で勝った政治家が、自らを民意の反映と位置付けて、自身のあらゆる政策対応を正当化するのは珍しいことではない。Rae and Daudt (1976) はそれが論理的に誤りであることを、次のような例を用い指摘した。彼らはその議論により表される事象を、政党政治の初期の研究者モイセイ・オストロゴルスキー (1854–1921 Ostrogorski) に敬意を表して、**オストロゴルスキーのパラドックス**と名付けた[8]。

いま仮に 3 つのテーマ、例えば「財政」「外交」「環境」が争点になっている間接選挙を考える。投票者は 5 人いて、政党は x と y の 2 つが存在している。投票者 1 は財政については政党 x、外交については政党 x、環境については政党 y の政策を支持するものとする。投票者 1 は財政と外交と環境を等しく重要なテーマだと考えており、総合的には政党 x を支持する。同様に、他の投票者については表の通りとする。表の読み方は自ずと明らかと思われる。

	財政	外交	環境	支持政党
投票者 1	x	x	y	x
投票者 2	x	y	x	x
投票者 3	y	x	x	x
投票者 4	y	y	y	y
投票者 5	y	y	y	y
多数決	y	y	y	x

---

8) オストロゴルスキーの著書 *Democracy and the Organization of Political Parties* (1902) はそれについての古典である。

ここで政党について多数決を行えば x が3票を得て勝利する。一方、テーマごとに多数決を行えば、財政も外交も環境も y が3票を得て勝利する。間接選挙と直接選挙では結果が正反対になるわけだ。オストロゴルスキーのパラドックスは、間接選挙で選ばれた政治家は全権委任されたわけでは決して無いこと、そして争点が多数の場合にはテーマごとに直接選挙をした方がよい可能性を示唆している。

さて、いま直接選挙をして、財政も外交も環境も政党 y の政策に決まったとしよう。するとこのとき、投票者1は「財政と外交」に不満が、投票者2は「財政と環境」に不満が、投票者3は「外交と環境」に不満が生じることになる。過半数の投票者は過半数のテーマに対して不満を有するわけだ。つまり個別テーマについてそれぞれ直接選挙を行ってさえも、過半数の投票者が「全体としては嫌な結果だ」と感じる事態が生じうる。これをアンスコムのパラドックスという (Anscombe 1976)。

4.6　64パーセント多数決と改憲

本節では、現行の状態から重要な変更をするときに、何パーセントの賛成をもって変更を認めればよいのかという問題を考察する。改憲はそうした問題の好例であり、それを題材に考えよう。なお、日本国憲法は第九十六条が改憲の条件を定めており、現行では衆参両院で3分の2以上、その後の国民投票で過半数の賛成が求められている。

憲法の条文には様々なものがある。そしてひとつの条文はひとつの事柄にだけ関わっているわけではない。例えば現行の第二十一条は表現の自由に関する条文だが、その文言は

> 第二十一条 集会、結社及び言論、出版その他一切の表現の自由は、これを保障する。

である。確かにこれは表現の自由というひとつのテーマに関わるものだが、それは「集会」「結社」「言論」「出版」など多くの事柄に関わっている。つまり「出版」を入れない形での言論の自由として

4.6 64パーセント多数決と改憲

> 集会、結社及び言論、その他一切の表現の自由は、これを保障する。

という書き方もありえる。また逆に、「報道」を付け加えて

> 集会、結社及び言論、出版、報道その他一切の表現の自由は、これを保障する。

という書き方も可能だ。

つまりひとつのテーマに関わる条文といっても、実に様々な書き方が可能であり、その選び方には複数の論点がある。このことを念頭に置いたうえで、改憲をサイクルとの関連において論じよう。

現行の条文を x としよう。代替案が y であり、過半数の投票者はそれを支持しているものとする。では x から y への変更は正当か。サイクルの観点からは、過半数では正当とみなせない。というのは潜在的に別の条文 z が存在して

- 過半数の投票者は x から y への変更を望む
- 過半数の投票者は y から z への変更を望む
- 過半数の投票者は z から x への変更を望む

というサイクルが生じている可能性があるからだ。憲法は公権力から国民を守る役目をもつ重要な法であり、その変更には強い正当性が求められる。潜在的なサイクルの存在は、変更の正当性を損ねるものだ。

では何パーセントの支持で変更を認めることにすれば、そうしたサイクルの存在可能性を否定できるのか。このことを Caplin and Nalebuff (1988) に従い論じていこう。ただし彼らの議論は数学的難度が高いゆえ、ここではその概要と結果だけを紹介することにする。結論から言うと約 64 パーセントがその答である。

いま複数の論点が存在して、その個数を ℓ とする。ひとつの選択肢は ℓ 個の数の組 $x = (x_1, x_2, \ldots, x_\ell)$ のように表され、そうした選択肢の集まりを X で表す。一人ひとりの投票者はその中でひとつベストと思う選択肢 (峰) を持ち、そこからの距離で他の選択肢への望ましさを測る。つまりある投票者にとって峰が x ならば、他の選択肢 y と z では、x との距離が近いほ

うをより望ましいと思う[9]。

カプリンとネイルバフは X の形状や峰の分布について比較的穏健な仮定を置いているが、ここでは詳細に触れない。では果たして何パーセントでサイクルの存在を否定できるのか。彼らが導いた答えは

$$1 - \left(\frac{\ell}{\ell+1}\right)^{\ell}$$

である。この数は ℓ が大きくなるにつれ増加していく。その数が行きつく先は

$$\lim_{\ell \to \infty} \left(1 - \left(\frac{\ell}{\ell+1}\right)^{\ell}\right) = 1 - \frac{1}{e} \approx 0.632$$

である[10]。

つまり論点 ℓ がどのような数であっても、およそ 63.2% 以上の賛成により変更を可能とするならば、サイクルは生じえない。カプリンとネイルバフによるこの議論を **64 パーセント多数決ルール**という。条文により ℓ の数は変わるだろう。また、いったい論点がいくつあるのか不明なことも多いはずだ。であれば重大な条文を変更するときには、上限である 63.2% あたりを可決ラインとするのが適切ということになる。この値は 3 分の 2 と近いといってよいだろう。

なお、数値

$$1 - \left(\frac{\ell}{\ell+1}\right)^{\ell}$$

が

$$1 - \frac{1}{e}$$

へと収束するスピードは速く、$\ell = 6$ の段階で

---

9) これをユークリッド型順序という。距離の測り方が (最も標準的な) ユークリッド距離で、その距離が順序を表しているからだ。ユークリッド型順序は単峰的順序の特殊形で、実証政治理論ではベンチマークとしてよく置かれる仮定である。この仮定を置くゆえに、改憲には 64 パーセントの賛成が必要だという「低い」値が出る。この仮定無しだと、もっと高い値、つまり改憲により多くの賛成を求める値が出る (Greenberg 1979)。

10) e はネイピア数であり、その値は約 2.718。

$$1 - \left(\frac{6}{6+1}\right)^6 > 0.60$$

まで上昇する。

4.7　ギバード゠サタスウェイト定理

　多数決のもとで投票者が、自分の票が死票となるのを避けるため次善の候補に投票することは珍しくない。いわば戦略的に虚偽の意思表明を行うわけである。行動は戦略的だから、あるいは虚偽だから悪いというわけではない。戦略的に虚偽の表明を行わねば自分の意思を社会に反映させられないのだから、決定のルールが上手く出来ていない。

　では他者がどのような投票をしても、自分は正直に選好を申告して損をすることがない、第 4.3 節の言葉を用いれば**耐戦略性**を満たす決定の仕方はあるのだろうか。状況によってはそれはある。実際、第 4.3 節で見たように、単峰性が成り立つケースでは中位ルールがそれを満たすのであった。しかし単峰性が成り立たない一般のケースではそうと限らない。中位ルールは定義自体ができないからだ。このときは多数決のみならず、第 1.1.3 項で確認したように、ボルダルールも戦略的操作の影響から逃れられない。

　こうした問題は 1960 年ごろには学界で認識されており、Gibbard (1973) と Satterthwaite (1975) が最終的にその解答を与えた。すなわち耐戦略性と満場一致性を満たすルールは独裁制だけである。これを**ギバード゠サタスウェイト定理**という。

　独裁制とは「ある特定の個人が存在して、他人がどのような選好を持っていようがその個人にとって一位の選択肢が社会の決定となる」選択ルールのことである。そうした圧倒的な力を持つ者のことを**独裁者**という。独裁者は自分の言うことがそのまま社会の決定になるので嘘などつかない。独裁者以外の者はどのような嘘をつこうと全て無視されるので嘘をつく誘因を持たない。よって独裁制は耐戦略性を満たす。しかし独裁制はもちろん民主的でないし、多様な人々の知恵を活用する方法としてはひどく不出来である。

82 　　　　　　　　　　第4章　政治と選択

　そして**満場一致性**とは「他の選択肢に満場一致で負ける選択肢は、社会の
決定とならない」ことを意味する。独裁制のもとでは独裁者が一位と置く
選択肢 (仮に x) が社会の決定となる。他のどの選択肢 (例えば y) も独裁者
にとっては二位以下である。よって y が x に満場一致で勝つことはない。
独裁者というひとりの個人が x を y より高く順序付けているからだ。つま
り独裁制は満場一致性を満たす。

　定理 15 (ギバード゠サタスウェイト定理)　選択肢の数を $m \geqq 3$ とする。
投票者はいかなる順序付けもとりうるとする。投票者の任意の順序組に対
して、一つの選択肢を与える選択ルールを考える。もし選択ルールが満場
一致性と耐戦略性を満たすならば、それは独裁制である。

　ここではギバード゠サタスウェイト定理を最も簡単な「2 人・3 選択肢」の
ケースで図解していく[11]。投票者を 1 と 2、選択肢を x, y, z で表す。これ
まで「耐戦略性」「満場一致性」「独裁制」などの概念を数学記号で厳密には
定義してこなかったが、図解を通じてそれらの性質は自ずと明らかになる
ものと思われる。

　3 つある選択肢への順序付けは 6 通り (a) xyz、(b) xzy、(c) yxz、(d)
yzx、(e) zxy、(f) zyx である。いま 2 人の投票者がいるので、彼らが持つ
順序付けのペアは $6 \times 6 = 36$ 通り存在する。これは投票者 1 の順序付けを
縦に、投票者 2 の順序付けを横に並べて、6 行 6 列の表として図示できる。

投票者 1＼投票者 2	(a) xyz	(b) xzy	(c) yxz	(d) yzx	(e) zxy	(f) zyx
(a) xyz						
(b) xzy						
(c) yxz						
(d) yzx						
(e) zxy						
(f) zyx						

---

　11)　この図解は Schmeidler and Sonnenschein (1978) に基づく。一般のケースの証
明は、例えば坂井・藤中・若山 (2008, 第 2 章) を参照せよ。

4.7　ギバード=サタスウェイト定理　　　　　83

　これから投票者 1 と 2 が申告する順序付けのペアに対し、そのもとでど
の選択肢が選ばれるか、表のマス目に書き込んでいこう。そして以後の議
論では、36 個ある各マス目を、例えば投票者 1 が (b) で投票者 2 が (e) の
箇所は (b, e) のように呼び表すことにする。

　まず満場一致性から、一位の選択肢が投票者 1 と投票者 2 で共通の箇所
にはその選択肢を入れよう。

投票者 1＼投票者 2	(a) xyz	(b) xzy	(c) yxz	(d) yzx	(e) zxy	(f) zyx
(a) xyz	x	x				
(b) xzy	x	x				
(c) yxz			y	y		
(d) yzx			y	y		
(e) zxy					z	z
(f) zyx					z	z

　まず (a, d) を見てみよう。ここで z は y に満場一致で負けている。よっ
てここでは x か y のいずれかが選ばれるわけだが、以降はそれが x のケー
スを扱っていく。結論からいうと、このとき投票者 1 が独裁者になってい
る。逆にこれが y のケースでは投票者 2 が独裁者になるのだが、その証明
は x のケースと同じ方法でできるので、x のときだけを示せば十分である。
よって (a, d) に x を打つ。

投票者 1＼投票者 2	(a) xyz	(b) xzy	(c) yxz	(d) yzx	(e) zxy	(f) zyx
(a) xyz	x	x		x		
(b) xzy	x	x				
(c) yxz			y	y		
(d) yzx			y	y		
(e) zxy					z	z
(f) zyx					z	z

　次に (b, d) を見てみよう。もしここで x 以外が選ばれたら、投票者 1 は
(b) でなく (a) と申告すれば、x を実現できて得をしてしまう。よって耐戦
略性からここでは x が選ばれていなければならない。

84 第4章 政治と選択

　更に (e, d) を見てみよう。ここは満場一致性より x ではない。もし y ならば、投票者 1 は (a) と申告すれば y よりはましな x を実現できるので耐戦略性に矛盾する。よってここでは z が選ばれなければらない。

投票者1＼投票者2	(a) xyz	(b) xzy	(c) yxz	(d) yzx	(e) zxy	(f) zyx
(a) xyz	x	x		x		
(b) xzy	x	x		x		
(c) yxz			y	y		
(d) yzx			y	y		
(e) zxy				z	z	z
(f) zyx					z	z

　今度は (f, d) を見てみよう。もしここで z 以外が選ばれたら、投票者 1 は (f) でなく (e) と申告すれば、z を実現できて耐戦略性に矛盾する。よってここも z となる。

投票者1＼投票者2	(a) xyz	(b) xzy	(c) yxz	(d) yzx	(e) zxy	(f) zyx
(a) xyz	x	x		x		
(b) xzy	x	x		x		
(c) yxz			y	y		
(d) yzx			y	y		
(e) zxy				z	z	z
(f) zyx				z	z	z

　表を見ると分かるように、投票者 2 が (d) と申告する限りにおいては、投票者 1 が一位とする選択肢が必ず社会的な決定になっている。つまり投票者 1 に独裁者の気配が少し漂ってきた。次は投票者 2 の側からマス目を埋めていこう。

　(a, d) を見てみよう。いま投票者 2 にとっては最悪の x が選ばれている。もしここで投票者 2 が (d) でなく、(c) や (e) や (f) を申告することで y や z が選ばれるのならば、投票者 2 はそのような虚偽により得をしてしまう。よって (a, c) でも (a, e) でも (a, f) でも x が選ばれなければならない。

　(b, d) を見て同じ論理をもう一度繰り返そう。ここでは投票者 2 にとっ

て最悪の x が選ばれている。よって、もしここで投票者 2 が (d) でなく、(c) や (e) や (f) を申告することで y や z が選ばれるのならば、投票者 2 はそのような虚偽により得をしてしまう。よって (b, c) でも (b, e) でも (b, f) でも、x が選ばれなければならない。

投票者 1＼ 投票者 2	(a) xyz	(b) xzy	(c) yxz	(d) yzx	(e) zxy	(f) zyx
(a) xyz	x	x	x	x	x	x
(b) xzy	x	x	x	x	x	x
(c) yxz			y	y		
(d) yzx			y	y		
(e) zxy				z	z	z
(f) zyx				z	z	z

次いで (f, c) を見てみよう。満場一致性から、ここで x は選ばれない。もし (f, c) のもとで選ばれるのが y ならば、(f, d) のもとで投票者 2 が (d) でなくて (c) を申告して得をしてしまう（z から y に変わるのは投票者 2 にとって好ましい）。これは耐戦略性に矛盾する。よって (f, c) のもとで y は選ばれず、z が選ばれることになる。そしてそれゆえ、(e, c) のもとで z 以外が選ばれるならば、投票者 1 が (e) でなく (f) を申告して、z を実現させて得をすることになってしまい、耐戦略性に矛盾する。よって (e, c) のもとでは z が選ばれていなければらない。

投票者 1＼ 投票者 2	(a) xyz	(b) xzy	(c) yxz	(d) yzx	(e) zxy	(f) zyx
(a) xyz	x	x	x	x	x	x
(b) xzy	x	x	x	x	x	x
(c) yxz			y	y		
(d) yzx			y	y		
(e) zxy			z	z	z	z
(f) zyx			z	z	z	z

　(e, c) で投票者 2 に (a) や (b) と申告させないためには、(e, a) と (e, b) ではともに z が選ばれなければならない。

　同様に、(f, c) で投票者 2 に (a) や (b) と申告させないためには、(f, a)

86　　第 4 章　政治と選択

と (f, b) ではともに z が選ばれなければならない。

投票者 1 \ 投票者 2	(a) xyz	(b) xzy	(c) yxz	(d) yzx	(e) zxy	(f) zyx
(a) xyz	x	x	x	x	x	x
(b) xzy	x	x	x	x	x	x
(c) yxz			y	y		
(d) yzx			y	y		
(e) zxy	z	z	z	z	z	z
(f) zyx	z	z	z	z	z	z

　次いで (d, a) を見てみよう。満場一致性から z は選ばれない。もし選ばれるのが x ならば投票者 1 はここで (d) でなく (e) や (f) を申告して z を実現させた方が得であり、これは耐戦略性に矛盾する。よって (d, a) では y が選ばれる。そしてこのことから、(c, a) で y 以外が選ばれると、投票者 1 は (c) でなく (d) を申告すれば、y を実現させて得になってしまうので、やはり (c, a) でも y が選ばれることになる。

投票者 1 \ 投票者 2	(a) xyz	(b) xzy	(c) yxz	(d) yzx	(e) zxy	(f) zyx
(a) xyz	x	x	x	x	x	x
(b) xzy	x	x	x	x	x	x
(c) yxz	y		y	y		
(d) yzx	y		y	y		
(e) zxy	z	z	z	z	z	z
(f) zyx	z	z	z	z	z	z

　(c, b) を見てみよう。満場一致性から z は選ばれない。もし選ばれるのが x ならば、(c, a) で投票者 2 は (a) でなく (b) を申告して得をしてしまい、耐戦略性に矛盾する。よって (c, b) では y が選ばれる。そしてまたこのことより、(d, b) で y 以外が選ばれると投票者 1 は (d) でなく (c) を申告すれば、y を実現させて得になってしまうので、やはり (d, b) でも y が選ばれることになる。

投票者1\ 投票者2	(a) xyz	(b) xzy	(c) yxz	(d) yzx	(e) zxy	(f) zyx
(a) xyz	x	x	x	x	x	x
(b) xzy	x	x	x	x	x	x
(c) yxz	y	y	y	y		
(d) yzx	y	y	y	y		
(e) zxy	z	z	z	z	z	z
(f) zyx	z	z	z	z	z	z

もはや残りのマス目の埋め方は明らかだろう。(c, b) で投票者 2 に (b) でなく (e) や (f) と申告させないためには、(c, e) でも (c, f) でも y が選ばれなければならない。また (d, b) で投票者 2 に (b) でなく (e) や (f) と申告させないためには、(d, e) でも (d, f) でも y が選ばれなければならない。

投票者1\ 投票者2	(a) xyz	(b) xzy	(c) yxz	(d) yzx	(e) zxy	(f) zyx
(a) xyz	x	x	x	x	x	x
(b) xzy	x	x	x	x	x	x
(c) yxz	y	y	y	y	y	y
(d) yzx	y	y	y	y	y	y
(e) zxy	z	z	z	z	z	z
(f) zyx	z	z	z	z	z	z

完成した表を見てみると、どのマス目にも投票者 1 にとって一位の選択肢が入っている。つまり投票者 1 が独裁者である。

この証明の発端は (a, d) で x と置いたことであった。このとき投票者 1 が独裁者になるわけだ。そして先に述べたように、(a, d) で y と置くと逆に投票者 2 が独裁者になる。また満場一致性から z とは置けないのであった。つまり耐戦略性と満場一致性を求めると、投票者 1 と 2 のどちらかが独裁者となり、いずれにせよ独裁制というわけである。

第5章

ペア比較の追求

5.1 アローの博士論文

ケネス・J・アローは控えめに言っても 20 世紀を代表する経済学者のひとりである。彼は様々な分野で本質的な貢献を行ったが、その中でも社会的選択理論についての研究は主要なものだと言える。しかし 1947 年にはまだアローも博士論文を書かねばならないひとりの大学院生であった。彼はコロンビア大学の院生だったが、コウルズ財団という数理的な経済研究を専門とする研究所から招かれ、そこで博士論文を書き上げることにした[1]。アローはのちにこのことについて、教え子のひとりジェリー・ケリーから「博士論文を書き上げる前に大学を離れるのは珍しかったのではないか」と質問された際、「何が典型的かについての私の知識はあまり豊かでなかった」と冗談めかして答えている。

アローはコウルズ財団において、単峰性が成り立つときにペア全勝者が存在することを発見する。しかしやがて、その発見が既にダンカン・ブラックによりなされており、ブラックの論文が 1948 年の *Journal of Political Economy* 誌に掲載されていると知ることになる。確かにブラックはアローより何年も前にそのことを発見していたが、コンドルセの時代から数えれ

---

1) 本節のアローに関するエピソードは Kelly (1987) に基づく。

ばほとんど同時期のようなものだ。アローはこの同時性について「思想史的にきわめて興味深い一致だ。このアイデアはコンドルセが思い付いても良さそうなものだった。なにせここ150年間の数学の発展には全く関係無いことなのだから」と幾分の残念さを込めて述べている。単峰性の研究が既になされたものだと知ったアローだが、彼はそうしたテーマに関心を持ち続けたまま1948年の夏にランド研究所を訪れ、そこでこれから論じる内容を考え始めることになる。議論のハイライトは「アローの不可能性定理」であり、彼はそれを発見したときに「これこそが博士論文だと思った」と語っている。

アローの不可能性定理は彼の博士論文に収められ、*Social Choice and Individual Values* という題名の書籍として出版された[2]。この本は今なお広く読み継がれており、1951年に第一版が、1963年に重要な新章が加えられた第二版が刊行されている (Arrow 1951, 1963)。なお、2012年には第三版が刊行されているが、これはエリック・マスキンによる序文が付いただけで、第二版と内容は変わらない (Arrow 2012)。本章ではアローをコンドルセの学問的後継者と位置付けたうえで、彼の不可能性定理を、投票における集約ルールの設計という観点から扱っていく[3]。そしてまた単峰性が成り立つときには不可能性を回避しうるという、可能性定理について論じる。

ところでアローは *Social Choice and Individual Values* において、その不可能性定理のことを「一般可能性定理」(general possibility theorem) と呼んでいる。これにより、アローの不可能性定理を一般可能性定理と呼

---

2) ロナルド・コースはブラックの評伝で、次のように述べている (Coase 1998)。ブラックは1949年に、実証政治理論の先駆的貢献となる論文を学術誌 *Econometrica* に投稿していた。しかしその学術誌の編集者は *Social Choice and Individual Values* の公刊に関わっており、ブラックの論文の掲載可否に関する連絡を同書の公刊まで遅らせ、その後ブラックに論文内で「アローの最近の研究」との関係について説明したら掲載するという要求を行った。ブラックはその不当な要求を拒絶し、*Econometrica* から論文を引き下げ、小冊子として公刊することを選ぶが、それが Black and Newing (1958) である。しかしこの小冊子は広い注目を集めたとは言い難く、ブラックはアローの陰に隠れた感が否めない。単峰性についても、ブラックの発見にも関わらず、アロー=ブラック条件と呼ばれることがあるが、これは誤りである。

ぶべきと主張する者が稀にいるが、内容的には「存在しない」ことを示しているので不可能性定理と呼ぶほうが適切だろう。なお、アローはケリーから「なぜ一般可能性定理と呼んだのか」と尋ねられた際に

> それはチャリング・クープマンスのアイデアだよ。もともと私は不可能性定理と呼んでいたけど、彼はそれをあまりに悲観的と考えたんだ！ 彼は私の指導教授で、とてもスウィートな人だったから、私は彼のためにそれを変えたんだ。

と語っている (Kelly 1987)。

5.2　設定

選択肢を $x_1, x_2, \ldots, x_m$ で表す。これらの中の任意のふたつの選択肢 $x, y = x_1, x_2, \ldots, x_m$ について、$x \succ_i y$ は、個人 i が x に y より高い順序付けを行うことを意味する。任意の選択肢 x と y について、$x \succ_i y$ か $y \succ_i x$ の一方のみが成り立つものとする[4]。また任意の選択肢 x, y, z について、$x \succ_i y$ と $y \succ_i z$ が成り立つならば、$x \succ_i z$ も成り立つものとする[5]。順序 $\succ_i$ における選択肢 x の順位を $r(\succ_i, x)$ で表す。例えば $m = 3$ として

$$x_2 \succ_i x_3 \succ_i x_1$$

---

3)　同書では、この観点とは異なる、「社会状態の望ましさを測る尺度」に関する厚生経済学的な観点についても論じられている。本書では第 6.3 節でそれについて触れる。このように分けるのは、ふたつの紛らわしい観点が混在すると、議論がひどく混乱するからである。アロー自身は同書においてふたつの観点をあまり区別していない。筆者の考えでは、両者を明確に区別するようになったのは、1970 年代に Sen (1970a) を嚆矢として、Hammond (1976) や d'Aspremont and Gevers (1977) がアローの不可能性定理を厚生経済学の結果として明確に位置付けたうえで、功利主義や正義論との関係を論じて以降である。

4)　少なくとも一方が成り立つことを完備性という。そして「一方のみ」ということを反対称性という。反対称性は同順位を許容しないことを意味するが、これは議論を単純にするためであり、同順位を許容しても同様の議論は展開できる。

5)　これを推移性という。本書では個人の順序について完備性と推移性が常に成り立つものとして議論を進めているが、本節ではそれを明示的に述べている。

ならば
$$r(\succ_i, x_2) = 1, \qquad r(\succ_i, x_3) = 2, \qquad r(\succ_i, x_1) = 3$$
である。

順序 $\succ_i$ の個人間 $i = 1, \ldots, n$ での組み合わせを、**順序組**と呼び
$$\succ = (\succ_1, \ldots, \succ_n)$$
により表す。

集約ルールとは、それぞれの順序組 $\succ$ に対し、選択肢 $x_1, x_2, \ldots, x_m$ に対するひとつの社会的順序
$$R(\succ)$$
を与える関数 R のことである。ここで R は、論理的に起こりうるどのような $\succ$ に対しても、何かひとつの社会的順序 $R(\succ)$ を与えられるものとする。このことを、R は**順序組の全体上で定義されている**という。集約ルールは以下の要件を満たすものとする。

- 任意の選択肢 x, y について、$x\ R(\succ)\ y$ か $y\ R(\succ)\ x$ の少なくとも一方が成り立つ。これを**完備性**という。
- 任意の選択肢 x, y, z について、もし $x\ R(\succ)\ y$ と $y\ R(\succ)\ z$ が成り立つならば、$x\ R(\succ)\ z$ も成り立つ。これを**推移性**という。

次に $R(\succ)$ の解釈と扱いについて述べておく。

- $x\ R(\succ)\ y$ は、順序組 $\succ$ のもとで、x は y 以上に社会的順序が高いことを意味する。ただしここでは「以上」なので、x と y は同順位でも構わない。
- $x\ R(\succ)\ y$ と $y\ R(\succ)\ x$ が同時に成り立つとき、$x\ I(\succ)\ y$ と記す。これは x と y の社会的順序が同じであることを意味する。
- $x\ R(\succ)\ y$ が成り立ち、かつ $y\ R(\succ)\ x$ が成り立たないとき、$x\ P(\succ)$ y と記す。これは x が y より社会的順序が高いことを意味する。

集約ルールに対しては同順位を許容するのが自然である。例えばいま、

$p(\succ_i, x)$ は「$\succ_i$ における x のボルダ得点」を表すものとしよう。つまり m 個ある選択肢のうち k 位ならば

$$p(\succ_i, x) = m - k + 1$$

である。するとボルダルールは

$$x \, R^B(\succ) \, y \iff \sum_{i=1}^{n} p(\succ_i, x) \geqq \sum_{i=1}^{n} p(\succ_i, y)$$

なる集約ルール R^B として表せる。ボルダ得点和が等しい場合、つまり

$$\sum_{i=1}^{n} p(\succ_i, x) = \sum_{i=1}^{n} p(\succ_i, y)$$

である場合には

$$\sum_{i=1}^{n} p(\succ_i, x) \geqq \sum_{i=1}^{n} p(\succ_i, y)$$

から $x \, R^B(\succ) \, y$ が成り立ち、一方

$$\sum_{i=1}^{n} p(\succ_i, x) \leqq \sum_{i=1}^{n} p(\succ_i, y)$$

から $y \, R^B(\succ) \, x$ が成り立つので、結論として

$$x \, I^B(\succ) \, y$$

が成り立つ。

5.3 アローの不可能性定理

次の条件を集約ルールに求めるのはきわめて自然なことと言えるだろう。

条件 1 どのような x, y と $\succ$ に対しても、もし全ての個人 i について $x \succ_i y$ が成り立つなら、$x \, P(\succ) \, y$ が成り立つ。つまり個人たちが満場一致で x を y より高く順序付けるならば、社会的順序も x を y より高く順序付ける。これを R の**満場一致性**と呼ぶ。

およそ常識的に定義されたいかなる集約ルールも満場一致性を満たす。当然ながらボルダルールもこれを満たすが、それを確認してみよう。もし全ての個人 i について $x \succ_i y$ が成り立つなら、全ての i について

$$p(\succ_i, x) > p(\succ_i, y)$$

が成り立つので

$$\sum_{i=1}^{n} p(\succ_i, x) > \sum_{i=1}^{n} p(\succ_i, y)$$

が得られる。よって $x\, R^B(\succ)\, y$ は成り立つが、$y\, R^B(\succ)\, x$ は成り立たないので

$$x\, P^B(\succ)\, y$$

が得られる。

次に、第 1.2.3 項で指摘したボルダルールの性質を再確認しておこう。いま

$\succ$	$\succ_1$	$\succ_2$	$\succ_3$	$\succ_4$	$\succ_5$
1 位 (3 点)	y	y	y	x	x
2 位 (2 点)	x	x	x	z	z
3 位 (1 点)	z	z	z	y	y

であるときは

$$x\, P^B(\succ)\, y\, P^B(\succ)\, z$$

となるが、z の位置が

$\succ'$	$\succ'_1$	$\succ'_2$	$\succ'_3$	$\succ'_4$	$\succ'_5$
1 位 (3 点)	y	y	y	x	x
2 位 (2 点)	z	z	z	z	z
3 位 (1 点)	x	x	x	y	y

に変わると

$$y\, P^B(\succ')\, z\, P^B(\succ')\, x$$

となる。つまりボルダルールのもとでは、個人が z の位置を変えたときに、x と y の社会的順位も変わりうる。コンドルセの見解ではこれは望ましくないことであった。この考えを徹底的に推し進めたのがアローだと言える。彼は、もしある $\succ$ のもとで $x\, R(\succ)\, y$ が成り立つならば、個人が他の選択肢の位置を変えて順序組が $\succ'$ になったとしても、x と y のペア比較におい

て $\succ$ と $\succ'$ が一致する限りは、$x\,R(\succ')\,y$ が成り立つことを要求した。

条件 2　いま x, y と $\succ$ について $x\,R(\succ)\,y$ が成り立つものとする。ここで別の順序組 $\succ'$ について、もし

$$x \succ_i y \quad \text{である} i \text{については} \quad x \succ'_i y$$
$$y \succ_i x \quad \text{である} i \text{については} \quad y \succ'_i x$$

が成り立つなら、$x\,R(\succ')\,y$ が成り立つ。つまり、もし $x\,R(\succ)\,y$ が成り立つならば、x, y に関するペア比較状況が $\succ$ と一致する $\succ'$ については、同様に $x\,R(\succ')\,y$ が成り立つ。これを R の**二項独立性**と呼ぶ。

二項独立性のような発想を最初に思いついたのはコンドルセだが、その発想を純化した条件である二項独立性を、コンドルセの方法は満たさない。このことを確認しておこう。コンドルセの方法は第 1.2.1 項の 22 ページで導入したもので、それは $n = 3$ のケースでは問題無く定義できるものであったことを想起されたい。コンドルセの方法をここでは R^C で表す。

いま

$\succ$	6 人	5 人	2 人
1 位	x	y	z
2 位	y	z	x
3 位	z	x	y

のケースを考えると、ペアごとの多数決の結果は

- 8 対 5 で x が y に勝つ
- 11 対 2 で y が z に勝つ
- 7 対 6 で z が x に勝つ

ことになる[6]。このときコンドルセの方法は一番目の「7 対 6 で z が x に勝つ」を棄却して、結果は $x\,P^C(\succ)\,y\,P^C(\succ)\,z$ となるのであった。

しかしいま $x \succ_i y \succ_i z$ である 6 人のうち、2 人が z の順位を上げて

---

6)　この多数決の例は 22 ページでコンドルセの方法を解説するときに用いたものと同様である。

$z \succ_i x \succ_i y$ となったとしよう。すると

$\succ'$	2人	4人	5人	2人
1位	z	x	y	z
2位	x	y	z	x
3位	y	z	x	y

である。ここで x と y については、誰もそれらの間での順序を一切変えていないことに注意されたい。さて、このときペアごとの多数決の結果は

- 8対5で x が y に勝つ
- 9対4で y が z に勝つ
- 9対4で z が x に勝つ

ことになり、サイクルが発生している。そして、このときコンドルセの方法は一番目の「8対5で x が y に勝つ」を棄却しサイクルを断ち切るので、結果は $y\, P^C(\succ')\, z\, P^C(\succ')\, x$ となる。つまり計13人いる個人のうち2人について、z の位置が変わった結果として、コンドルセの方法により与えられる x と y の社会的順序は $x\, P^C(\succ)\, y$ から $y\, P^C(\succ')\, x$ に変化している。

　こうして見ると、アローの二項独立性は実に強い要求を行うもので、それはいかにも「二項独立」の発想に馴染みの良さそうなコンドルセの方法でさえ満たせないようなものだ。アローの不可能性定理を、「アローが少数の自然な性質だけで不可能性を示した」と述べる者もいるが、二項独立性を満たすことを集約ルールに求めるのは、そもそも過度に厳しいことである。実際のところこの条件は、過度に厳しいどころか、満たすべきではないほど厳しいとさえ言える。

　アローは二項独立性を「無関係な選択肢からの独立」と呼んでいるが、これは適切な呼称ではない。と言うのは、x と y の順序の決定において、他のあらゆる選択肢との相対的な関係が**一切考慮されてはならない**とまで求めるのがこの条件だからだ。しかし他の選択肢を「無関係」と断言することの根拠は不明瞭で、また「一切考慮されてはならない」とまで求めることの説得性は乏しい。中途半端にアローの不可能性定理を知った結果、「無関係な選択肢からの独立」という言葉に惑わされて、内容を理解しないまま

5.3 アローの不可能性定理　97

この定理を拡大解釈する論者は少なくない。そうした誤解を防ぐためにも、呼称の選択については十分注意深くある必要がある。

さて、どのような状況においても自身の個人的な順序がそのまま社会的順序として用いられるような個人は、独裁者であると言ってもよいだろう。そのような個人が存在しない集約ルールのことをアローは非独裁的であると呼んだ。

条件 3　いまある i が存在して、どのような x, y と $\succ$ に対しても、$x \succ_i y$ が成り立つときには、必ず $x\, P(\succ)\, y$ も成り立つとする。このとき i を R における**独裁者**という。独裁者が存在しない R は**非独裁性**を満たすという。

独裁的な集約ルールには少なくともふたつの大きな問題点がある。まずコンドルセのように、部分的にしか正しくない人々の意見を集めることで、正しい可能性の高い選択肢を選ぶという目的に照らしてみれば、ただひとりの独裁者の順序しか社会的順序に反映させないというのは、情報の活用法として著しく不効率である。また相反する利害の調整方法として集約ルールを考えるならば、独裁者の順序のみを尊重するのは、政治的平等の理念と真っ向から対立するものだ。すなわち集約ルールが非独裁的であることは、情報を有効活用し、政治的平等を尊重するうえで最低限の要求だといえる。しかしアローは、もし順序組の全体上で定義された集約ルールが、満場一致性に加えて二項独立性を満たすならば、それは独裁的であることを示した[7]。

定理 16 (アローの不可能性定理)　選択肢の数が $m \geqq 3$ だとする。順序組の全体上で定義された任意の集約ルール R について考える。もし R が満場一致性と二項独立性を満たすならば、R における独裁者が存在する。つまり順序組の全体上で定義された集約ルールのうち、満場一致性、二項独立性、非独裁性を全て満たすものは存在しない。

---

[7]　*Social Choice and Individual Values* の第一版 (Arrow 1951) で与えられた不可能性定理には、定式化に小さな瑕疵があり、定理が厳密には正確でないことを Blau (1957) が指摘した。その瑕疵を埋めるべく修正したものが、第二版 (Arrow 1963) で追加された Chapter 8 に与えられおり、それが今日アローの不可能性定理と呼ばれている。

満場一致性はきわめて自然な条件であり、また独裁的な集約ルールは前述の理由により棄却される。よってこの定理は、二項独立性を求めると、常用に耐えうる集約ルールが構成できないことを意味している。すなわちコンドルセが志向したペア比較の尊重を、アローのように徹底すると不可能性の壁に突き当たる。この不可能性は二項独立性についての不可能性であり、それをどの程度深刻に受け止めるかは、二項独立性の意義をどの程度認めるかに完全に依存する。二項独立性を満たさない、ボルダルールやコンドルセの方法、あるいはヤングの最尤法などの集約ルールをむしろ良いと考えるならば、この不可能性はどのような深刻さも伴わない。

ところで、いま述べたことは、アローの不可能性定理が別の重要な不可能性定理を導く補題として有用に機能する、という意義を損ねるものではない。実際、アローの不可能性定理を、別の不可能性定理を示す際に補助的に用いることは、社会的選択理論ではしばしばなされることである。また、アローの不可能性定理が、別の不可能性定理と論理的にきわめて近いことが確認されるのも、珍しいことではない。こうした意味では、アローの不可能性定理は、不可能性定理の雛型を与えるものと考えてもよいだろう[8]。

5.4　アローの不可能性定理の証明

これからアローの不可能性定理を二段階に分けて証明していくが、本書の証明は Geanakoplos (2005) に基づく[9]。そしてここでは、三人の個人 $i = 1, 2, 3$ と三つの選択肢 x, y, z が存在するケースについてのみ扱う。これは、この単純なケースで証明の骨子を明らかにできるという以上に、単純なケースだからこそ細部を綿密に書ききることができるという利点によるものだ。

---

[8]　本書ではそれら関連成果について触れないが、関心のある読者は、例えば社会的選択理論のハンドブック Arrow, Sen, and Suzumura (2002, 2010) や鈴村 (2012) を参照されたい。

[9]　Geanakoplos (2005) には三通りの証明が載っており、本書が扱うのは第一証明である。この論文を契機として、アローの不可能性定理の短い証明を提供する論文が多く出たが、いずれも証明のステップを大幅に省いており、初学者向けではない。

5.4 アローの不可能性定理の証明　　99

ステップ 1. 独裁者の候補を探す

ここでは、ある選択肢 x に視点を固定して議論を進める。そして $R(\succ)$ における x の順位を $r(R(\succ), x)$ により表す[10]。

補題 2　任意の $\succ = (\succ_1, \succ_2, \succ_3)$ について考える。各 $i = 1, 2, 3$ について、$r(\succ_i, x) = 1$ か $r(\succ_i, x) = 3$ のいずれか一方が成り立つものとしよう。ただし各 i により、$r(\succ_i, x) = 1$ か $r(\succ_i, x) = 3$ かは異なっていても構わない。このとき、もし社会的順序関数 R が満場一致性と二項独立性を満たすならば、$r(R(\succ), x) = 1$ か $r(R(\succ), x) = 3$ のいずれかが成り立つ。

[証明]　全ての i について $r(\succ_i, x) = 1$ のケースを考える。全ての i について $x \succ_i y$ と $x \succ_i z$ が成り立つので、満場一致性から

$$x\, P(\succ)\, y \text{ かつ } x\, P(\succ)\, z$$

が得られる。よって $r(R(\succ), x) = 1$ である。

次に、全ての i について $r(\succ_i, x) = 3$ のケースを考える。全ての i について $y \succ_i x$ と $z \succ_i x$ が成り立つので、満場一致性から

$$y\, P(\succ)\, x \text{ かつ } z\, P(\succ)\, x$$

が得られる。よって $r(R(\succ), x) = 3$ である。

上記以外、つまり $r(\succ_i, x) = 1$ なる i と $r(\succ_j, x) = 3$ なる j が混在するケースをこれから考えていく。これは例えば

$\succ$	個人 1	個人 2	個人 3
1 位	x	?	?
2 位	?	?	?
3 位	?	x	x

のようなケースである。「?」には y か z が入っている。

ここで $r(R(\succ), x) = 1$ が成り立つケースは題意が示されたことになるの

---

10)　同順位がある場合に $r(R(\succ), x)$ をどう定めるかは、証明に不要なので、気にしなくてよい。

で、これからそうでないケース、つまり何か他の選択肢、例えば y について $y\,P(\succ)\,x$ であるケースを考える。ここで

$\succ'$	個人 1	個人 2	個人 3
1 位	x	z	z
2 位	z	y	y
3 位	y	x	x

なる順序組を考える。この新しい順序組は「y の順位を『?』の中で最下位にする」ことで作られたものだ。満場一致性より $z\,P(\succ')\,y$ が成り立つ。また $\succ$ と $\succ'$ における x と y のペア比較状況は等しいので、$y\,P(\succ)\,x$ に注意すると、二項独立性より $y\,P(\succ')\,x$ が得られる。

推移性より $z\,P(\succ')\,x$ である。そして $\succ$ と $\succ'$ における x と z のペア比較状況は等しいので、$z\,P(\succ')\,x$ に注意すると、二項独立性より $z\,P(\succ)\,x$ が得られる。

この議論から、他のある選択肢 y について $y\,P(\succ)\,x$ ならば、更に別の z についても $z\,P(\succ)\,x$ であることが分かった。つまり $r(R(\succ),x)=3$ である。 $\square$

補題 3 ある個人 $i(x)$ が存在して、どのような $\succ=(\succ_1,\succ_2,\succ_3)$ に対しても、$y \succ_{i(x)} z$ ならば $y\,P(\succ)\,z$ が成り立つ。

［証明］ この $i(x)$ は個人 1 か 2 か 3 の誰かだが、これからそれを見付けていく。まず順序組 $\succ$ を次のように定義する。

$\succ$	個人 1	個人 2	個人 3
1 位	x	y	y
2 位	y	z	z
3 位	z	x	x

すると補題 2 より $r(R(\succ),x)=1$ か $r(R(\succ),x)=3$ のいずれかが成り立つ。また順序組 $\succ$ を次のように定義する。

5.4 アローの不可能性定理の証明

$\succsim$	個人 1	個人 2	個人 3
1 位	x	x	y
2 位	y	y	z
3 位	z	z	x

すると補題 2 より $r(R(\succsim), x) = 1$ か $r(R(\succsim), x) = 3$ のいずれかが成り立つ。

場合分けに応じて $i(x)$ を見付けていく。

● **ケース 1** $r(R(\succsim), x) = 1$ が成り立つとき、$i(x) = 1$ とする。ここで $y \succ_1 z$ を満たす任意の $\succ$ について考える。そして $y\, P(\succ)\, z$ が成り立つことを確認したい。いま

$\succ'$	個人 1	個人 2	個人 3
1 位	y	$\succ_2$ と同じ	$\succ_3$ と同じ
2 位	x	$\succ_2$ と同じ	$\succ_3$ と同じ
3 位	z	x	x

を定める[11]。

満場一致性より $y\, P(\succ')\, x$ が成り立つ。いま $r(R(\succsim), x) = 1$ なので、当然ながら $x\, P(\succsim)\, z$ である。そして x と z のペア比較状況は、$\succ'$ と $\succsim$ において同じなので、二項独立性より $x\, P(\succ')\, z$ が成り立つ。

推移性から $y\, P(\succ')\, z$ である。そして y と z のペア比較状況は、$\succ'$ と $\succ$ において同じなので、二項独立性より $y\, P(\succ)\, z$ が成り立つ。

● **ケース 2** $r(R(\succsim), x) = 3$ と $r(R(\succsim), x) = 1$ が成り立つとき、$i(x) = 2$ とする。ここで $y \succ_2 z$ を満たす任意の $\succ$ について考える。そして $y\, P(\succ)\, z$ が成り立つことを確認したい。いま

---

11) ここで例えば「$\succ_2$ と同じ」とは、$y \succ_2 z$ ならば $y \succ_2' z$ であり、$z \succ_2 y$ ならば $z \succ_2' y$ であることを意味する。他も同様である。

$\succ'$	個人 1	個人 2	個人 3
1 位	x	y	$\succ_3$ と同じ
2 位	$\succ_1$ と同じ	x	$\succ_3$ と同じ
3 位	$\succ_1$ と同じ	z	x

を定める。

すると $r(R(\tilde{\succ}), x) = 3$ なので、当然ながら $y\, P(\tilde{\succ})\, x$ である。そして x と y のペア比較状況は、$\succ'$ と $\tilde{\succ}$ において同じなので、二項独立性より $y\, P(\succ')\, x$ が成り立つ。

いま $r(R(\tilde{\succ}), x) = 1$ なので、当然ながら $x\, P(\tilde{\succ})\, z$ である。そして x と z のペア比較状況は、$\succ'$ と $\tilde{\succ}$ において同じなので、二項独立性より $x\, P(\succ')\, z$ が成り立つ。

推移性から $y\, P(\succ')\, z$ である。そして y と z のペア比較状況は、$\succ'$ と $\succ$ において同じなので、二項独立性より $y\, P(\succ)\, z$ が成り立つ。

● **ケース 3** $r(R(\tilde{\succ}), x) = 3$ と $r(R(\hat{\succ}), x) = 3$ が成り立つとき、$i(x) = 3$ とする。ここで $y \succ_3 z$ を満たす任意の $\succ$ について考える。そして $y\, P(\succ)\, z$ が成り立つことを確認したい。いま

$\succ'$	個人 1	個人 2	個人 3
1 位	x	x	y
2 位	$\succ_1$ と同じ	$\succ_2$ と同じ	x
3 位	$\succ_1$ と同じ	$\succ_2$ と同じ	z

を定める。

満場一致性より $x\, P(\succ')\, z$ が成り立つ。いま $r(R(\tilde{\succ}), x) = 3$ なので、当然ながら $y\, P(\tilde{\succ})\, x$ である。そして x と y のペア比較状況は、$\succ'$ と $\tilde{\succ}$ において同じなので、二項独立性より $y\, P(\succ')\, x$ が成り立つ。

推移性から $y\, P(\succ')\, z$ である。そして y と z のペア比較状況は、$\succ'$ と $\succ$ において同じなので、二項独立性より $y\, P(\succ)\, z$ が成り立つ。

以上の議論から、起こりうるどのようなケースにおいても、ある個人 $i(x)$ が存在して、$y \succ_{i(x)} z$ を満たすどのような $\succ$ についても、$y\, P(\succ)\, z$ が成

り立つことが分かった。 □

ステップ2. 独裁者であることの確認

これから $i(x)$ が独裁者であることを確認していく。

補題4 次のような個人がそれぞれ存在する。

- ある個人 $i'(x)$ が存在して、どのような $\succ = (\succ_1, \succ_2, \succ_3)$ に対しても、$z \succ_{i'(x)} y$ ならば、$z\, P(\succ)\, y$ が成り立つ。
- ある個人 $i(y)$ が存在して、どのような $\succ = (\succ_1, \succ_2, \succ_3)$ に対しても、$x \succ_{i(y)} z$ ならば、$x\, P(\succ)\, z$ が成り立つ。
- ある個人 $i'(y)$ が存在して、どのような $\succ = (\succ_1, \succ_2, \succ_3)$ に対しても、$z \succ_{i'(y)} x$ ならば、$z\, P(\succ)\, x$ が成り立つ。
- ある個人 $i(z)$ が存在して、どのような $\succ = (\succ_1, \succ_2, \succ_3)$ に対しても、$x \succ_{i(z)} y$ ならば、$x\, P(\succ)\, y$ が成り立つ。
- ある個人 $i'(z)$ が存在して、どのような $\succ = (\succ_1, \succ_2, \succ_3)$ に対しても、$y \succ_{i'(z)} x$ ならば、$y\, P(\succ)\, x$ が成り立つ。

[証明] 補題3と全く同様に示せる。 □

補題5 $i(x) = i'(x) = i(y) = i'(y) = i(z) = i'(z)$ が成り立つ。つまり $i(x)$ は独裁者である。

[証明] もし $i(x) \neq i'(x)$ ならば、$y \succ_{i(x)} z$ かつ $z \succ_{i'(x)} y$ である $\succ$ のもとで、$y\, P(\succ)\, z$ かつ $z\, P(\succ)\, y$ となり矛盾である。よって $i(x) = i'(x)$ となる。同様に、$i(y) = i'(y)$ と $i(z) = i'(z)$ が成り立つ。

これから $i(x) = i(y)$ を示そう。もし $i(x) \neq i(y)$ ならば

$$x \succ_{i(x)} y \succ_{i(x)} z$$
$$z \succ_{i(y)} x \succ_{i(y)} y$$
$$x \succ_i y \quad その他の i$$

である $\succ$ のもとで、$i(x)$ と $i'(y)$ の性質から

$$y\, P(\succ)\, z$$

$$z \, P(\succ) \, x$$

が得られるが、満場一致性から

$$x \, P(\succ) \, y$$

となり、サイクルが発生してしまい推移性に矛盾する。よって $i(x) = i(y)$ である。同様に $i(y) = i(z)$ が示せる。よって

$$i(x) = i'(x) = i(y) = i'(y) = i(z) = i'(z)$$

が成り立つ。　　　　　　　　　　　　　　　　　　　　　　　　　□

　以上の議論により、R のもとで独裁者となる個人 $i(x)$ が存在することが判明した。これによりアローの不可能性定理の証明が完了する。

5.5　満場一致性を用いない不可能性定理

　アローの不可能性定理の成立において、満場一致性が果たす役割はきわめて小さいということについて、本節では論じる。そのために、二項独立性を満たすが、満場一致性を満たさない集約ルールの例を挙げてみよう。

● **無為**　全ての $\succ$ と x, y について、$x \, I(\succ) \, y$ である集約ルールを考えよう。これはどのような順序組に対しても常に全選択肢が同順位であるという、実質的に何も判断を下さない役立たずの集約ルールである。
● **逆独裁制**　いまある i が存在して、どのような x, y と $\succ$ に対しても、$x \succ_i y$ が成り立つ限り必ず $y \, P(\succ) \, x$ も成り立つとしよう。このとき i を R における**逆独裁者**という。これは特定の個人の反対の意見を常に採用する、奇妙な集約ルールである。

　上記いずれの集約ルールも、満場一致性を満たさないばかりか、およそ常用に耐えるようなものではない。なぜこのような集約ルールを紹介するかというと、次の結果が知られているからだ。

　定理 17　選択肢の数が $m \geqq 3$ だとする。順序組の全体上で定義された任意の集約ルール R について考える。もし R が二項独立性を満たすなら

ば、それは無為であるか、独裁者が存在するか、逆独裁者が存在するか、のいずれかである。

定理 17 はその基本形が村上泰亮 (1931–1993) による小冊子 *Logic and Social Choice* で与えられた (Murakami 1968)[12]。しかしその小冊子は十分普及したわけでなく、村上の貢献に気付かないまま同様の結果を示した Wilson (1972) により、こうした結果が広まることとなった。その後、Malawski and Zhou (1994) が村上の先取性を指摘するとともに、村上が示した結果の一般化を行った。定理 17 から次の結果が直ちに導かれる。

系 1　選択肢の数が $m \geq 3$ だとする。順序組の全体上で定義された任意の集約ルール R について考える。もし R が二項独立性を満たし、またそれが無為でなく R における逆独裁者も存在しないならば、そのとき R における独裁者が存在する。

つまりアローの不可能性定理において、満場一致性が果たしている役割は、無為な集約ルールと逆独裁者が存在する集約ルールを除外するだけに過ぎない。すなわちアローの不可能性定理は、真に、二項独立性に関する不可能性を表すものだということが分かる。

5.6　単峰性のもとでの可能性定理

単峰性とアローの不可能性定理とはどのような関係にあるのだろうか。このことを論じるために、単峰性の厳密な定義を与えよう。選択肢

$$x_1, x_2, \ldots, x_m$$

を考える。便宜上、これら選択肢は数字で名付けられており

$$x_1 < x_2 < \cdots < x_m$$

---

12)　本書では定理 17 の証明を省く。関心のある読者は、アローの不可能性定理およびそれに深く関わる諸定理を、第 5.4 節の証明と同じ方針で統一的に示した Cato (2010, 2012) を参照されたい。

のように左から右へ一次元に並べられているとする。順序 $\succ_i$ が**単峰的**であるとは、選択肢の中で i が最も好む**峰** $g(\succ_i) = x_t$ が存在して

$$x_t \succ_i x_{t-1} \succ_i x_{t-2} \succ_i \cdots \succ_i x_1,$$

$$x_t \succ_i x_{t+1} \succ_i x_{t+2} \succ_i \cdots \succ_i x_m$$

がともに成り立つことである。全ての i について $\succ_i$ が単峰的である順序組 $\succ = (\succ_1, \ldots, \succ_n)$ を、**単峰的な順序組**と呼ぶ。今後、本節では議論を簡単にするため n を奇数と仮定するが、この仮定はあまり本質的ではない。本節の最後で n が偶数のときについて補足する。

単峰的な順序組 $\succ$ のもとで、n 人いる有権者の峰

$$g(\succ) = (g(\succ_1), g(\succ_2), \ldots, g(\succ_n))$$

のうち、真ん中である**中位**を

$$\mathrm{med}(g(\succ))$$

で表す。いま n は奇数なので、$\mathrm{med}(g(\succ))$ とは

$$g(\succ_i) \leqq \mathrm{med}(g(\succ))$$

を満たす i が過半数 ($\dfrac{n+1}{2}$ 人以上) おり、また

$$\mathrm{med}(g(\succ)) \leqq g(\succ_i)$$

を満たす i も過半数いる選択肢のことである。また、$g(\succ_j) = \mathrm{med}(g(\succ))$ を満たす投票者 j を、$\succ$ における**中位投票者**という。第 4.1 節では単峰性が成り立つときにペア全勝者が存在することを論じたが、それをここで改めて述べておこう。

補題 6 n を奇数として、j を $\succ$ における中位投票者とする。このときどのような $x \neq g(\succ_j)$ についても、過半数の投票者 i について

$$g(\succ_j) \succ_i x$$

が成り立つ。つまり $g(\succ_j) = \mathrm{med}(g(\succ))$ はペア全勝者である。

[証明] 第 4.1 節の議論と同様である。 □

5.6 単峰性のもとでの可能性定理 107

どのような単峰的な順序組 $\succ$ に対しても、ひとつの社会的順序 $R(\succ)$ を与える集約ルール R を、**単峰的な順序組の全体上で定義されている**という。順序組のうち単峰的なものは多くないので、順序組の全体上よりは、単峰的な順序組の全体上のほうが、優れた集約ルールを構成しやすいことが期待される。そこで次のように集約ルールを定義してみよう。まず任意の x, y と単峰的な $\succ$ について

$$x\,R^M(\succ)\,y \iff N(x,\succ,y) \geqq N(y,\succ,x)$$

とする。ここで $N(x,\succ,y)$ は $x \succ_i y$ を満たす i の人数で、$N(y,\succ,x)$ は $y \succ_i x$ を満たす i の人数を表す。すなわち R^M は、いわゆるペアごとの多数決である。ここで、n を奇数と仮定しているので

$$N(x,\succ,y) = N(y,\succ,x)$$

なる事態が発生することはない。つまりいま、任意の x, y と単峰的な $\succ$ について $x\,P^M(\succ)\,y$ か $y\,P^M(\succ)\,x$ の一方のみが成り立つ。順序組が単峰的でないときはコンドルセサイクル、つまり

$$x\,P^M(\succ)\,y, \quad y\,P^M(\succ)\,z, \quad z\,P^M(\succ)\,x$$

のような循環が起こり得た。しかし単峰的な順序組のもとでは、そうした循環は回避できることを以下で示そう (Black 1948a, p. 30)。

補題 7 n を奇数とする。もし $x\,P^M(\succ)\,y$ と $y\,P^M(\succ)\,z$ が成り立つならば、$x\,P^M(\succ)\,z$ が成り立つ。

[証明] ここでは最も簡単な、個人数と選択肢数がともに $n = m = 3$ であるケースで証明を行う。一般のケースも証明の骨子は同様である。

いま逆に、$x\,P^M(\succ)\,y$ と $y\,P^M(\succ)\,z$ は成り立つものの、$x\,P^M(\succ)\,z$ が成り立たない、つまり $z\,P^M(\succ)\,x$ だとしてみよう。すると以下のことが言える。

- $x\,P^M(\succ)\,y$ ということは 2 人以上の i について $x \succ_i y$、$y\,P^M(\succ)\,z$ ということは 2 人以上の i について $y \succ_i z$ である。いま $n = 3$ なので、少な

くとも 1 人の i について

$$x \succ_i y \succ_i z$$

が成り立つ。

・$y \, P^M(\succ) \, z$ ということは 2 人以上の j について $y \succ_j z$、$z \, P^M(\succ) \, x$ ということは 2 人以上の j について $z \succ_j x$ である。いま $n = 3$ なので、少なくとも 1 人の j について

$$y \succ_j z \succ_j x$$

が成り立つ。

・$z \, P^M(\succ) \, x$ ということは 2 人以上の k について $z \succ_k x$、$x \, P^M(\succ) \, y$ ということは 2 人以上の k について $x \succ_k y$ である。いま $n = 3$ なので、少なくとも 1 人の k について

$$z \succ_k x \succ_k y$$

が成り立つ。

以上の議論より、個人 i, j, k の中でコンドルセサイクルが発生しており、これはペア全勝者が存在するという補題 6 に矛盾する。よって $x \, P^M(\succ) \, z$ でなければならない。 □

定義より R^M は完備性を満たし、また n が奇数のときには補題 7 より推移性を満たすことが分かった。これはすなわち、R^M が集約ルールとしての要件を満たすことを意味する。更にこの集約ルールが、二項独立性、満場一致性、および非独裁性を満たすことは定義から明らかである。これらの事実を可能性定理としてまとめて述べておこう (Arrow 1951, Theorem 4)。

定理 18 (単峰性のもとでの可能性定理)　n を奇数とする。このとき単峰的な順序組の全体上で定義されたペアごとの多数決 R^M は集約ルールの要件 (完備性、推移性) を満たし、そして二項独立性、満場一致性、および非独裁性を満たす。

個人数 n が偶数のときには、定理 18 と完全に同じ結果は成り立たない。

推移性の充足に若干の問題が生じるからである。これもアローが指摘したことであり、次の $n=4$ の例でそれを確認してみよう。

$\succ$	2人	2人
1位	x	y
2位	y	z
3位	z	x

ここで

$$x\,I^M(\succ)\,y,\ y\,P^M(\succ)\,z,\ z\,I^M(\succ)\,x$$

である。つまりコンドルセサイクルのように P だけで循環が起こるわけではないが、P と I を交えたうえでの循環が発生しうる。

　では n が偶数のときに、補題 7 と同様の結果が成り立つかと言えば、実はこれは成り立つ。つまり、もし $x\,P^M(\succ)\,y$ と $y\,P^M(\succ)\,z$ が成り立つならば、$x\,P^M(\succ)\,z$ も同様に成り立つ。このことを、R^M が**準推移性**を満たすという[13]。つまり補題 7 における、n を奇数とする仮定は本来は必要無いが、本書では説明を簡単にするためそう置いたものだ[14]。

5.7　二択の多数決の公理化

　アローの不可能性定理は選択肢が 3 つ以上あるときに成り立つが、これから論じる**メイの定理**は選択肢が 2 つのときのみに成り立つ。その定理は、第 2 章にある多数決に関する種々の定理とは別の方向から、選択肢が 2 つのときの多数決を肯定するものだ。例えば定理 6 と 7 は「一定の条件下で多数決が正しい判断をする確率は個人より高い」ことを示すが、メイの定理は「匿名性、中立性、正の感応性という望ましい条件をもつ唯一の集約ルールが多数決である」ことを示す。

---

　13)　準推移性の要求は P と I を交えた循環を許容する。準推移性はあくまで P だけについての推移性なので、推移性より弱い。

　14)　議論の詳細に関心のある者は、Sen (1969, 1970a) や Rothstein (1990)、または Austen-Smith and Banks (2001, Chapter 4) を参照せよ。

以後、今節では選択肢は 2 つだけとする。前節と同様に、**多数決** R^M を

$$x \, R^M(\succ) \, y \iff N(x, \succ, y) \geqq N(y, \succ, x)$$

として定義する。これまでと同様、$N(x, \succ, y)$ は $x \succ_i y$ である i の人数を表している。なお、上記の定義は

$$x \, P^M(\succ) \, y \iff N(x, \succ, y) > N(y, \succ, x)$$
$$x \, I^M(\succ) \, y \iff N(x, \succ, y) = N(y, \succ, x)$$

と書いても同じである。

これから集約ルール R の条件を三つ定める。多数決 R がそれら三条件を満たすことは容易に確かめられる。

条件 4　選択肢 x, y について、社会的順序が $x \, R(\succ) \, y$ となる任意の順序組 $\succ$ を考える。いま別の順序組 $\succ'$ は、$N(x, \succ, y) = N(x, \succ', y)$ を満たすとする。このとき $\succ'$ で同じ社会的順序を与える、つまり $x \, R(\succ') \, y$ とする集約ルール R は**匿名性**を満たすという。

条件 5　選択肢 x, y について、社会的順序が $x \, R(\succ) \, y$ となる任意の順序組 $\succ$ を考える。別の順序組 $\succ'$ において、各 i は $\succ_i$ と逆の個人的順序をもつ、つまり $x \succ_i y$ ならば $y \succ'_i x$ で、$y \succ_i x$ ならば $x \succ'_i y$ だとする。このとき $\succ'$ で逆の社会的順序を与える、つまり $y \, R(\succ') \, x$ とする集約ルール R は**中立性**を満たすという。

条件 6　選択肢 x, y について、社会的順序が $x \, R(\succ) \, y$ となる任意の順序組 $\succ$ を考える。いま j は $y \succ_j x$ だとする。別の順序組 $\succ'$ は、j だけが順序を逆に変えたものとする。つまり $x \succ'_j y$ であり、他の全ての $i \neq j$ は $\succ'_i = \succ_i$ とする。このとき x を y より上とする、つまり $x \, P(\succ') \, y$ とする集約ルール R は**正の感応性**を満たすという。

メイの定理はこれら三条件を満たす集約ルールが多数決のみであることを示す（May 1952）。このように、いくつかの条件によって特定の集約ルールを特徴付ける分析を**公理化**という。メイの定理は多数決の公理化を与える。

5.7 二択の多数決の公理化

定理 19 (メイの定理)　選択肢の数が $m = 2$ だとする。このとき匿名性、中立性、正の感応性を満たす集約ルールは多数決のみである。

[証明]　匿名性、中立性、正の感応性を満たす任意の集約ルール R を考える。これから R が多数決 R^M であることを示していく。任意の順序組 $\succ$ と選択肢 x, y について考える。

まず $N(x, \succ, y) = N(y, \succ, x)$ のケースを扱う。このケースで多数決は $x \, I^M \, y$ とするので、$x \, I \, y$ が成り立つことを示したい。一般性を失うことなく、$x \, R(\succ) \, y$ とする。別の順序組 $\succ'$ を、各 i について、$x \succ_i y$ ならば $y \succ'_i x$ で、$y \succ_i x$ ならば $x \succ'_i y$ だとする。中立性より $y \, R(\succ') \, x$ が従う。いま
$$N(y, \succ, x) = N(y, \succ', x)$$
なので匿名性より $y \, R(\succ) \, x$ が従い、前述の $x \, R(\succ) \, y$ と併せると、$x \, I(\succ) \, y$ が成り立つ。よってこのケースで R が与える結果は多数決 R^M が与える結果と一致する。

次に $N(x, \succ, y) > N(y, \succ, x)$ のケースを扱う。このケースで多数決は $x \, P^M(\succ) \, y$ とするので、$x \, P(\succ) \, y$ が成り立つことを示したい。背理法により矛盾を導くため、$y \, R(\succ) \, x$ だとする。また、$\ell = N(x, \succ, y) - N(y, \succ, x) \geqq 1$ と置く。いま $\succ'$ を

- $y \succ_i x$ である $N(y, \succ, x)$ 人の i については、$y \succ'_i x$
- $x \succ_i y$ である i のうち ℓ 人については、$y \succ'_i x$
- $x \succ_i y$ である i のうち $N(x, \succ, y) - \ell$ 人については、$x \succ'_i y$

である順序組とする。正の感応性を $y \, R(\succ) \, x$ から始めて ℓ 回適用していくと、$y \, P(\succ') \, x$ が得られる。

ここで $\succ''$ を

- $x \succ'_i y$ である i については、$y \succ''_i x$
- $y \succ'_i x$ である i については、$x \succ''_i y$

である順序組とする。いま $y\,P(\succ')\,x$ に注意すると、中立性より $x\,P(\succ'')$ y が得られる。ここで

$$N(x,\succ'',y) = N(y,\succ,x) + \ell = N(x,\succ,y)$$

に注意すると、匿名性の $x\,P(\succ'')\,y$ への適用から、$x\,P(\succ)\,y$ が従う。これは背理法で置いた仮定と矛盾。よって $x\,P(\succ)\,y$ が正しい。つまりこのケースでも R が与える結果は多数決 R^M が与える結果と一致する。

以上、$R = R^M$ が得られた。 □

第6章

社会厚生

6.1　社会厚生基準

　これまでの章では投票における集約ルールの性質について考察してきたが、本章では様々な社会状態のうちどれが望ましいかを規範的に評価する社会厚生基準について検討する。これら両テーマは、個々人の持つ順序付けから社会としての順序付けを導くという点で、技術的には近い関係にあるが、概念的には異なっている。ただし第 6.3 節ではふたたびアローの不可能性定理を取り上げることで、両者の議論に一定の接続を与える。

　これから一人ひとりの幸福や満足や快苦などの度合いを**効用**と呼び、それを数値で表すことにする。ここでは個人は 1 と 2 のふたりだけが存在する状況を考えるが、読者は今から展開する議論を一般の n 人ケースに容易に拡張して理解できるはずだ。個人 1 の効用を u_1、個人 2 の効用を u_2 として、それらの組み合わせである**社会状態**を

$$u = (u_1, u_2)$$

で表す。

　社会厚生とは u という社会状態の望ましさを表すもので、それにより私たちは様々な社会状態の相対的な優劣を比較していく。比較においてモノサシの役割を果たすのが**社会厚生基準**である。なお、このように個々人が最終的に得た効用のみに基づき社会の状態を評価するアプローチを**厚生主**

義という。社会的選択理論には厚生主義でないアプローチ、例えば手続き的公正や機会の豊かさを重視するものも多く存在するが、厚生主義は最も基本的なので、ここではそれに絞り議論を行う。

　数値例を用い考えていこう。異なる二つの社会状態 $(9, 30)$ と $(19, 18)$ ではいったいどちらが望ましい状態なのか。キーワードは**効用の個人間比較**である。

　効用の個人間比較は必ずしも分かりやすい話ではないゆえ、ここでは喩え話を用いてその本質に迫ろう。いま二つの物があり、それを「長さ」と「重さ」により、「どちらがグレートか」を評価することを考える。「長さ」が個人 1 の効用、「重さ」が個人 2 の効用、「どちらがグレートか」が社会状態の優劣評価に対応している。根本的な方針として、長ければ長いほど、重ければ重いほどグレートだと考えることにしよう。

　まず

$$x = (9\,\mathrm{cm}, 30\,\mathrm{kg})$$
$$y = (19\,\mathrm{cm}, 18\,\mathrm{kg})$$

の二つを比較してみよう。いったい x と y のどちらがグレートだろうか。

　まず単純に足してみよう。すると

$$U(x) = 9 + 30 = 39 > 37 = 19 + 18 = U(y)$$

なので x が y よりグレートとなる。なお、ここで U は和を取る関数を表す。長さと重さという別の概念の数値を足しており奇妙に思えるだろうが、実際これは奇妙であり、次のような問題が生じる。ここで

$$x' = (90\,\mathrm{mm}, 30\,\mathrm{kg})$$
$$y' = (190\,\mathrm{mm}, 18\,\mathrm{kg})$$

としよう。長さの単位をセンチではなくミリで表記したわけだ。当然ながら x と x' は全く同じ、y と y' は全く同じ内容を表している。しかし和は

$$U(x') = 90 + 30 = 120 < 208 = 190 + 18 = U(y')$$

なので x' より y' のほうがグレートとなる。つまりグレートの序列が長さ

の単位をどう表記するかで変わってくるわけだ。

キログラムという重さの単位に、センチメートルとミリメートルいずれの長さの単位を対応させるべきか判断するのは難しい。そもそも重さと長さは別次元の概念だからだ。それゆえセンチ表記かミリ表記かで答がひっくり返るようでは困ってしまう。そもそもキログラムだって、その単位の取り方が適切なのかは判断し難い。トン表示やナノグラム表示だってありうるからだ。異なる概念の数値を足し合わせる以上、こうした単位の選択が克服困難な問題として立ちはだかる。

しかし当たり前のことだが、同じ概念の数値を足し合わせるならこうした問題は起こらない。実際、もし数値が両方とも「長さ」で表されているならば、センチ表記のときには

$$x = (9\,\mathrm{cm}, 30\,\mathrm{cm})$$
$$y = (19\,\mathrm{cm}, 18\,\mathrm{cm})$$

であり

$$U(x) = 9 + 30 = 39 > 37 = 19 + 18 = U(y)$$

となり、ミリ表記にしても

$$x' = (90\,\mathrm{mm}, 300\,\mathrm{mm})$$
$$y' = (190\,\mathrm{mm}, 180\,\mathrm{mm})$$

であり

$$U(x') = 90 + 300 = 390 > 370 = 190 + 180 = U(y')$$

となり、グレートの序列は変わらない。

こうした理由により、足し算でグレートの比較を行うときには、全ての評価項目 (ここでは二つ) が同じ概念の数値で表されている必要がある。社会厚生に話を戻せば、u_1 も u_2 も共通の客観的な尺度で測られなければならないわけだ。それを可能とするためには個人間で共通の効用尺度が存在する必要がある。それが存在するという前提に立ち、人々の効用の和を取り社会厚生を計測する基準

$$U(u) = u_1 + u_2$$

を**功利主義基準**という。この基準は、コンドルセの同時代人で、功利主義を提唱した英国の哲学者ジェレミー・ベンサム (1748–1832) に端を発するもので、その歴史は長く、社会厚生の考え方に与えてきた影響はきわめて大きい。

しかし実際には私たちは、個人間で共通の効用尺度など持ち合わせていない。確かに私たちは自分の心の中で「あの人は幸せそうで羨ましい」や「彼は自分より不幸そうだな」といったように、幸福の個人間比較を行うことができる。しかしそれはあくまで自分の心の中で主観的に行うことであり、客観性のある、個人間で共通の効用尺度を用いて判断するわけではない[1]。仮に便宜上、社会で何かの効用尺度を作成して採用することにしても、「いまふたりの効用が 1 ずつ増えたが、別のひとりの効用がちょうど 2 減ったので、総和は変化せず」といった精度での、意味のある判定までを行うことは難しい。功利主義は単に個人間の効用比較可能性のみならず、定量的に意味のある精度の判定までをも必要とするからだ。この要求はかなり厳しい。

そこで別の基準として考えられるのが**ナッシュ基準**

$$N(u) = u_1 \times u_2$$

である。これは足し算ではなく掛け算で社会状態の評価をしようというものだ。足し算ではダメで掛け算ならよいとはどういうことか。長さと重さの例に戻って考えてみよう。

再度

$$x = (9\,\mathrm{cm}, 30\,\mathrm{kg})$$
$$y = (19\,\mathrm{cm}, 18\,\mathrm{kg})$$

の二つを考える。そしてグレートの度合いを掛け算で評価すると

---

1) 脳の状態を調べるというのは受け入れられやすい考え方かもしれないが、それでもまだ功利主義基準を意味あるものとするには足りていない。例えば今後、技術が進めばドーパミンやセロトニンなど幸福感に関する脳内物質の量は計測できるようになるだろう。しかし脳内物質の量は幸福の感覚ではないし、効用の量ではない。ただしこのことは政策の選択において、幸福感に関する脳内物質の量を増やそうというアプローチを否定するものではない。ここで指摘しているのはあくまで、脳内物質の量を効用尺度とするのは理に適っていないということだ。

$$N(x) = 9 \times 30 = 270 < 342 = 19 \times 18 = N(y)$$

なので y が x よりグレートとなる。そして長さの単位をセンチでなくミリにして

$$x' = (90\,\mathrm{mm}, 30\,\mathrm{kg})$$
$$y' = (190\,\mathrm{mm}, 18\,\mathrm{kg})$$

と表記し、掛け算をすると

$$N(x') = 90 \times 30 = 2700 < 3420 = 190 \times 18 = N(y')$$

でありグレートの序列は変わらない。

　足し算でグレートの序列を決めることの難点は、「長さ」や「重さ」など異なる概念の量を足し合わせるときに、センチやミリのように単位をどう取るかでグレートの序列が変わることであった。しかし掛け算ならばこの問題は発生しない。

　つまり掛け算で社会厚生を評価するならば、「長さ」と「重さ」の共存を認めることができる。個人間で共通の効用尺度がある必要はない。各人がもつばらばらの主観的な尺度だけで、意味のある社会厚生の比較ができるわけだ。

　ナッシュ基準は Nash (1950) が期待効用理論に基づくゲームでの交渉解として考察したもので、当時は社会厚生基準との関連において論じられることはなかった。その後 Kaneko and Nakamura (1979a,b) が社会厚生基準としてナッシュ基準を本格的に議論の俎上に載せて以来、社会科学の諸分野で一躍脚光を浴びることになった[2]。

　功利主義基準とナッシュ基準はいずれも**パレート原理**と呼ばれる次の条件を満たす。いま、ある社会状態 $u = (u_1, u_2)$ について考えよう。そしてここで誰かひとり、例えば個人 1 の効用が u_1 から $u_1' > u_1$ に増えたとする。このとき

---

　2)　これらの研究は、確率的なくじに対する選好の組み合わせに対して、社会厚生を考察している。本節の議論は設定を大幅に簡略化している。なお、ナッシュ基準については Sen (1970a, Chapter 8) も詳しい。

$$U(u_1, u_2) = u_1 + u_2 < u_1' + u_2 = U(u_1', u_2)$$

なので、功利主義基準はこの変化を望ましいことだと判断する。同じくナッシュ基準も

$$N(u_1, u_2) = u_1 \times u_2 < u_1' \times u_2 = N(u_1', u_2)$$

なので、やはりこの変化を望ましいと判断する。つまり誰かひとりの効用が増えたことを社会状態の改善として判断するわけだ。

パレート原理を満たさない有名な基準に**マキシミン基準**がある。これは個人間で共通の効用尺度があることを前提としたうえで、最も効用が小さい者に社会状態を代表させて比較を行うという、平等性の志向が強い基準である。例えば

$$x = (x_1, x_2) = (9, 30)$$
$$y = (y_1, y_2) = (19, 18)$$

については、「x における最小効用が $M(x) = 9$」で「y における最小効用が $M(y) = 18$」なので、マキシミン基準によれば

$$M(x) = 9 < 18 = M(y)$$

であり、y が x より望ましい。マキシミン基準がパレート原理を満たさないことは、例えば

$$z = (z_1, z_2) = (9, 31)$$

について

$$M(x) = 9 = M(z)$$

であり、x と z を等しく評価することから明らかである。マキシミン基準は、最低効用の者の効用が上がらない限り、他の者の効用増加を社会状態の改善とは判断しない。いまの場合、個人 1 の効用が 9 で変わらないまま、個人 2 の効用が 30 から 31 まで上がることを、社会状態の改善とは判断しないわけだ。

『正義論』で社会科学全般に大きなインパクトを与えたジョン・ロールズ (1921–2002 Rawls) は、正義に適う社会の基本構造を考察するに際して、

「社会的・経済的不平等の存在が肯定されるのは、それにより、社会の中で最も不利な者が利益を得るときだけだ」という原則について論じた (Rawls 1971 [1999])[3]。これを**格差原理**という。マキシミン基準のアイデアは格差原理に由来している。

　ここで格差原理を大雑把にだが解説しておこう。いま正義に適う社会の**基本構造**[4]はどうすれば見付けられるか、そのための思考実験を行ってみよう。そこで、人々が自分の肉体的、社会的状態などを全て離れて、どこの誰としてどの時代に生まれるか全く分からない、その確率すら分からない完全な不確実性下にある状態を考えよう。これを**無知のヴェールに覆われた原初状態**という。そこで人々は「どのような社会の基本構造を選択するか」という問いに直面しているとする。彼らが直面しているのはきわめて重要な問題であり、それゆえこれらの人々はその責任の重大さの前に、最も不利な人の状態が良くなることを強く重視するだろう (リスク回避のためというより、責任の重大さゆえに)。つまり彼らは格差原理を認めるはずだ。原初状態では皆が等しい無知のヴェールに覆われており、これは完全な不偏性が確保された状態である。そこで人々により認められる原理は、公正な手続きを保障すべく構築された原初状態から得られたものとして、正義の観念に適合するものと考えてよいだろう。こうして格差原理が正義の原理のひとつとして私たちの社会に導出される[5]。

---

　3)　これは格差の全面否定を意味してはいない。例えばきわめて単純に言って、所得を完全均等化する政策を行うと、能力の高い者のやる気を削いでしまい、結果として皆が貧しくなるとしよう。このとき格差原理は所得の完全均等化を是としない。ただし実際にはロールズは、政策の是非のような個々の問題を原初状態で問うことは考えていない。彼が論じるのはあるべき基本構造の形態であり、その基本構造が個々の問題に対して制約を与える。ロールズに関心がある者には、『公正としての正義 再説』(Rawls 2001) を薦める。『正義論』(Rawls 1971 [1999]) と比べれば、こちらは大著ではなく、また全体的に議論が整理されている。

　4)　基本構造とは、そのもとで人々が活動を行う背景的な社会的枠組みのことを意味する。憲法や所有権の形態、経済構造、自由のあり方などがこれに含まれる。

　5)　詳しくは Rawls (1971 [1999], 2001) や後藤 (2002)、盛山 (2006) などを参照せよ。

第 6 章　社会厚生

120

　格差原理はロールズが入念に組み立てた設定の中で、他の諸概念と合わせて理解されるべきものであり、単純な厚生主義の枠組みでのマキシミン基準とは区別する必要がある[6]。本節で論じるのはあくまでマキシミン基準である。なお、無知のベールに覆われた原初状態という、正義に適う社会の基本構造を見付けだす契約論的な仕組みのほうが、ロールズの議論にとっては重要であり、格差原理はその仕組みにより導かれるひとつの基準にすぎない[7]。

　さて、パレート原理を満たすようにマキシミン基準を修正したのが、アマルティア・センによる**レキシミン基準**である (Sen 1970b)。この基準は二つの社会状態を、効用が小さい者同士から違いが出るまで順に比べていくものだ。

　例えば

$$x = (9, 30)$$
$$y = (19, 18)$$

で最小効用を比較すると、9 が 18 より小さいのでレキシミン基準は y を x より高く評価する。この結果はマキシミン基準と同じである。一方で

$$x = (9, 30)$$
$$z = (9, 31)$$

だと、最小効用はともに 9 で等しいものの、次に 30 と 31 を比べると 30 が 31 より小さいので、レキシミン基準は z を x より高く評価する。マキシミン基準は x と z を等しく評価するので、レキシミン基準とは評価が異なっている。

　更に例を挙げれば、レキシミン基準は $(5, 12, 12)$ を $(5, 11, 100)$ より高く評価する。一番目に低い数字はともに 5 で等しいが、二番目に低い数字を

---

　6)　マキシミン基準を、ロールズと安易に結び付けて、「ロールズ基準」や「ロールズ的基準」と呼ぶ者がいるが適切ではない。

　7)　つまりロールズの仕組み、格差原理、マキシミン基準はいずれも分けて考える必要がある。わざわざこのように断るのは、これらをひとまとめに「ロールズ」とする乱暴な扱いが、しばしば見られるからである。

見ると 12 が 11 より大きいからだ。また、レキシミン基準は $(5, 12, 14, 18)$ を $(5, 12, 13, 20)$ より高く評価する。一番目に低い数字はともに 5、二番目に低い数字はともに 12 で等しいが、三番目に低い数字を見ると 14 が 13 より大きいからだ。

　マキシミン基準もレキシミン基準も個人間で共通の効用尺度が存在することを前提とするが、功利主義基準が求めるほど精度の高い尺度は必要としていない。マキシミンもレキシミンも「最も効用が小さい者」が誰か分かりさえすれば、二つの社会状態の比較を行うことができるからだ。しかし功利主義基準の場合は、具体的な効用の数値まで分からなければ比較ができない。

　これは具体的にはどういうことか。いま

$$x = (9, 30)$$
$$y = (19, 18)$$

について、マキシミン基準で比較を行うために必要な情報は

- x のもとで個人 1 は、個人 2 より効用が小さい $(9 < 30)$
- y のもとで個人 2 は、個人 1 より効用が小さい $(19 > 18)$
- x のもとでの個人 1 は、y のもとでの個人 2 より効用が小さい $(9 < 18)$

という相対的な効用の高低だけである。9 や 30 や 19 や 18 といった数値自体に意味があるわけではない。

　それゆえマキシミン基準のもとでは次のことが成り立つ。いま x と y の全ての数値に平方根を取って次のように変形してみよう。

$$x' = (\sqrt{9}, \sqrt{30})$$
$$y' = (\sqrt{19}, \sqrt{18})$$

このように変形してもマキシミン基準は x と y への評価を変えない。というのは次の論の運びが成立するからだ。

- x' のもとで個人 1 は、個人 2 より効用が小さい $(\sqrt{9} < \sqrt{30})$
- y' のもとで個人 2 は、個人 1 より効用が小さい $(\sqrt{19} > \sqrt{18})$
- x' のもとでの個人 1 は、y' のもとでの個人 2 より効用が小さい $(\sqrt{9} < \sqrt{18})$

つまりマキシミン基準にとっては数値間の大小関係だけが重要であり、その関係が維持される限り、数値が変形しても二つの状態への評価は変わらない。

功利主義基準だとこうはならない。実際、それぞれの総和を計算してみると

$$U(x) = 9 + 30 = 39 > 37 = 19 + 18 = U(y)$$

$$U(x') = \underbrace{\sqrt{9}}_{=3} + \underbrace{\sqrt{30}}_{=5.477\cdots} < \underbrace{\sqrt{19}}_{=4.358\cdots} + \underbrace{\sqrt{18}}_{=4.242\cdots} = U(y')$$

となる。つまり平方根を取る前後で評価は逆転する。これは功利主義基準が数値間の大小関係のみならず、どれだけ大きい、小さいという量的な情報をも必要としているからだ。

社会としてどの状態を望ましいと判断するかは、どの社会厚生基準を用いるかにより変わってくる。更にはそれぞれの社会厚生基準によって必要とする効用の情報も変わってくる。本節では功利主義基準とナッシュ基準、マキシミン基準とレキシミン基準という主要な基準についてその概略を説明してきた。より専門性の高い議論に関心のある読者には、須賀 (2013) を薦めておく。

ひとつ注意を述べておこう。パレート原理は「功利主義の一種」のように紹介されることがあるが、これはあまり適切ではない。そもそもパレート原理は功利主義と異なり効用の個人間比較を全く前提としていないし、ナッシュ基準やレキシミン基準のように功利主義基準と大きく異なる基準でさえも満たすことができるからだ。歴史的には、功利主義を巡る議論はパレート原理の確立に影響を与えているが、パレート原理自体は (マキシミン基準を除く) ほぼ全ての常識的な社会厚生基準が満たせるほどに、功利主義の固有性から抜け出している[8]。

8）ただし厚生主義の設定自体を功利主義的なものと見るならば、パレート原理を功利主義的だと言えなくもない。しかしその場合の「功利主義」はナッシュ基準やレキシミン基準をも包括している必要がある。これは功利主義の本質をどこに認めるかという点に関わっている。本書では、厚生主義のもとで「和を取る」ことに着目している。

6.2 レーティングへの応用

オンラインで商品を販売する EC サイトでは、商品に**レーティング**の点数が付されていることが多い。例えばドライヤー x は 3.7 点、ドライヤー y は 4.1 点というようにだ。それらレーティングの点数は通常、複数の評価者が入力した点数を何らかの方式で集約して得られたものだ。そのような集約の方式を、**レーティング方式**と呼ぶ。

レーティングの点数は対象の商品について、ユーザーから見た正しい評価を示すものと期待される。そのようにユーザーが解すからこそ、ユーザーは点数が高い商品を求めるし、低い商品を拒む。多くの場合レーティングは、複数ある候補の中から一つを選ぶために使われるので、選挙と似たところがある。あるいは、そもそも選挙とは、多数決だろうがボルダルールだろうが、やることは候補者へのレーティングである。また、本章の冒頭では「様々な社会状態のうちどれが望ましいかを規範的に評価する社会厚生基準」と述べたが、社会厚生基準とは、様々な社会状態をレーティングする基準に他ならない。すなわちレーティング方式の設計という問題は、選挙制度や社会厚生基準の設計という問題と、数学的にも概念的にも非常に近い。そこで本節ではレーティング方式の設計について論じる。

髪を乾かすドライヤーへの評価を考えてみよう。ここでは「風量」と「持ちやすさ」でドライヤーを評価することにする。風量は 1 分間に放出する空気の量で表すのが通常であり、単位は「m³/分」である。ドライヤー x の風量を $F(x)$ で表すことにする。これは客観的な数値だ。

一方、持ちやすさは主観である。ここではドライヤーの評価者 i は「持ちやすい（5 点）、やや持ちやすい（4 点）、普通（3 点）、やや持ちにくい（2 点）、持ちにくい（1 点）」という 5 段階で評価を与えることにする。

評価者 i がドライヤー x の持ちやすさに与えるグレードの点数を $g_i(x)$ で表す。いま $g_i(x)$ は 1 から 5 までの整数値をとる。n 人いる評価者がドライヤー x の持ちやすさに与える点数のベクトルが

$$g(x) = (g_1(x), \ldots, g_n(x))$$

で、その平均値が

$$\mathrm{ave}(g(x)) = \frac{\sum_{i=1}^{n} g_i(x)}{n}$$

である。平均の定義には足し算が含まれている。功利主義基準の足し算を
めぐる議論を思い出してほしいが、ここで平均をとってよいのは、それぞれ
の $g_i(x)$ が、持ちやすさへの点数という同じ単位のものだからだ。

　こうして風量 $F(x)$ m³/分 と持ちやすさ $\mathrm{ave}(g(x))$ 点という、すべての
評価項目への数値が出揃った。これからドライヤー x への総合的な点数を
与える手続きを作りたい。注意してほしいのだが、これら二つの数値は単
位が異なり、単純に足し算ができない。一つの対処の仕方は、ナッシュ基
準のように掛け算をとり

$$F(x) \times \mathrm{ave}(g(x)) \tag{6.1}$$

をドライヤー x への点数とすることだ。

　風量と持ちやすさに異なるウェイトを付けることはもちろん可能だし、そ
れが求められるケースは多いだろう[9]。風量のウェイトを α（$0 < \alpha < 1$）
とすると、点数を与える式は

$$F(x)^{\alpha} \times \mathrm{ave}(g(x))^{1-\alpha} \tag{6.2}$$

となる。これは**加重幾何平均**の式である。

　実務の場面では、他にも検討せねばならない課題は多くある。例えば、
$g_i(x)$ の外れ値を除外するか、どんな商品にも高い点数ばかり付ける優しい
人のバイアスを除去するか・除去するならどうするか、ウェイト α をどの
値にするか、そもそも評価項目をどれにするか等々である。

　外れ値やバイアスというと聞こえは悪いが、それは珍しい事象に関する
貴重な情報かもしれないので、一概に除去すればよいというものではない。
除去の線引きをどの基準で行うかの判断も検討を要する。実務的には、実
際のデータを見たり、ユーザーの声を聴いたりして、適宜何かしらの判断を

　9）　この実装には特許 7426681「商品／サービスの選択時にユーザー視点で横断共通
な評価を実現する方法」（吉川・竹尾・坂井・河田 2024）が関連する。

する。ウェイトや評価項目の選択は、それ自体が社会的選択の問題である。一人でウェイトや評価項目を選ぶと偏りが出るので、複数の選出者でそれらを選んで、選出者の意見がまとまらないときには何かしらの集約ルールを使うことになる。

　レーティングにおいては、点数が、何か分かりやすい範囲の値をとることが期待される。例えば満点を 5 点とし、どの点数も 0 と 5 の間をとるといったようにだ。サービスによっては、例えば「ここではレーティングは 4.0 点以上を信頼の指標にする」といったように、特定の数字に意味をもたせるものもある[10]。さて、多くの場合 (6.1) や (6.2) の数字は、ほどよく「5 点満点らしい値」をとってくれない。例えば $F(x) = 1.6$ は風量が多めの値だが、持ちやすさへの評価も高めで $\mathrm{ave}(g(x)) = 4$ として、$\alpha = 0.5$ のとき点数は

$$S(x) = F(x) \times \mathrm{ave}(g(x)) = 1.6 \times 4 = 6.4$$
$$S(x) = F(x)^{0.5} \times \mathrm{ave}(g(x))^{0.5} = 1.6^{0.5} \times 4^{0.5} \approx 2.53$$

である。6.4 は 5 を超えているし、2.53 はかなり低評価感のある値だ。よって実務では、点数がほどよい値を取るよう何らかの**基準化**をすることが多い。

　いま複数の比較対象、例えば 9 種類のドライヤー

$$x_1, \ldots, x_9$$

があり、各ドライヤーの点数について、$0 < S(x_1) \leqq \cdots \leqq S(x_9)$ かつ $S(x_1) < S(x_9)$ だとしよう。最大値による基準化は、各 x_i の点数を

$$\tilde{S}(x_i) = 5 \times \frac{S(x_i)}{S(x_9)}$$

と変換し、このとき $\tilde{S}(x_9) = 5$ かつ $5 > \tilde{S}(x_1) > 0$ となる。また、最大値と最小値の差による基準化は、各 x_i の点数を

---

10)　例えば mybest という商品のレビューやレーティングを提供するサービスが、その方針をとっている。情報開示として、筆者がそのレーティング方式の設計に関わっていることを述べておく。この引用は同サービスを提供する株式会社マイベストの記事による。https://tsushin.my-best.com/articles/042

$$\tilde{S}(x_i) = 5 \times \frac{S(x_i) - S(x_1)}{S(x_9) - S(x_1)}$$

と変換し、このとき $\tilde{S}(x_9) = 5$ かつ $\tilde{S}(x_1) = 0$ となる。

ただし最大値による基準化や、最大値と最小値の差による基準化は、「商品全体のなかで $S(x_i)$ が真ん中の商品 x_i は、$\tilde{S}(x_i)$ を 3.2 とする」ような調整はできない。そのような調整をしたければ、$S(x_i)$ が中位の商品 x_i は $\tilde{S}(x_i) = 3.2$ とセットして、その前後に他の商品の点数を散らばせることになる。いまの例だと $S(x_i)$ が真ん中の商品は x_5 なので、$\tilde{S}(x_5) = 3.2$ とセットして、$\tilde{S}(x_4) = 3.1$ や $\tilde{S}(x_6) = 3.3$ のように散らばせるわけだ。点数分布の変換である[11]。

基準化に「これが常に正解」というものはない。レーティング事業者が、商品のユーザーやメーカーの目線に立ち、どのような点数分布が適切かの検討に応じて、基準化を考案する必要がある。点数は商品の売れ行きに影響するので、レーティング事業者は、ユーザーやメーカーに高い説明責任を果たせるよう、基準化を含む点数導出の手続きを作らねばならない。高い評価ばかり、あるいは低い評価ばかり付けるといった評価者の偏りを、適切に補正することはその例だ[12]。点数を付けるという行為は権力性を帯びるので、そこには相応のフェアネスが求められる。フェアネスは精神の姿勢だけでは不十分で、フェアな手続きを設計する技術が必要である。

6.3　アローの不可能性定理ふたたび

ここでは厚生主義の設定でアローの不可能性定理を定式化し直そう。基本的には第 5 章で用いた記号をそのまま採用することにする。

各個人 i は効用関数 u_i を持っており、各選択肢 x に対する効用を $u_i(x)$

---

[11]　この実装には特許 7454313「スコアリング装置、スコアリング方法、およびスコアリングプログラム」（坂井・今井 2024）が関連する。

[12]　例えば LIPS というコスメ商品の選択を支援するサービスがこれを行っている。情報開示として、筆者は LIPS のレーティング方式の設計に関わっていることを述べておく。適正化についての記述は LIPS を提供する株式会社 AppBrew の HP「商品の評価点数について」を参照。https://lipscosme.com/product_ratings

で表す。**社会的順序関数**とは様々な効用関数の組み合わせ

$$u = (u_1, u_2, \ldots, u_n)$$

に対して、選択肢 $x_1, x_2, \ldots, x_m$ に対するひとつの社会的順序

$$R(u)$$

を与える関数 R のことである。

社会的順序関数は、第 5 章で集約ルールと呼んでいたものを、本章で扱う問題に馴染むよう呼び変えたものだ。社会的順序関数の満場一致性と二項独立性は集約ルールのときと同様に、次のように書くことができる。

条件 7 どのような x, y と u に対しても、もし全ての個人 i について $u_i(x) > u_i(y)$ が成り立つなら、$x\, P(u)\, y$ が成り立つ。つまり全員が x のもとでは y よりも高い効用が得られるのならば、x の社会的順序は y より高いと判断される。これを R の**満場一致性**と呼ぶ。

条件 8 いま x, y と u について $x\, R(u)\, y$ が成り立つものとする。ここで別の u' について、もし

$$u_i(x) \geqq u_i(y) \quad \text{である } i \text{ については} \quad u_i'(x) \geqq u_i'(y)$$
$$u_i(y) \geqq u_i(x) \quad \text{である } i \text{ については} \quad u_i'(y) \geqq u_i'(x)$$

が成り立つなら、$x\, R(u')\, y$ が成り立つ。つまり、もし $x\, R(u)\, y$ が成り立つならば、x, y に関するペア比較状況が u と一致する u' については、同様に $x\, R(u')\, y$ が成り立つ。これを R の**二項独立性**と呼ぶ。

ここで二項独立性は何を意味するのか。最も簡単なケースとして、個人 $i = 1, 2$ と選択肢 x, y, z だけがある状況を考えてみよう。まず

$$u_1 = (u_1(x), u_1(y), u_1(z)) = (10, 100, 10000)$$

と置く。そして u_2 は何でもよいが、いま

$$x\, R(u_1, u_2)\, y$$

が成り立っているものとする。

ここで個人 1 の効用関数が u_1 でなく

$$u_1' = (u_1'(x), u_1'(y), u_1'(z)) = (1, 10000, 2)$$

に変化したものとする。効用の数値がいずれも大きく変わっている。また選択肢全体の順序も u_1 のもとでの zyx から、u_1' のもとでは yzx に変わっている。

しかし個人 1 にとっての x と y の相対的な関係は

$$u_1(x) = 10 < 100 = u_1(y)$$
$$u_1'(x) = 1 < 10000 = u_1'(y)$$

なので変わらない。二項独立性は、x と y の間の社会的順序を決めるときに、この両選択肢の相対的な関係以外のどのような要素をも考慮に組み入れてはならないことを求める。よって、ここだと二項独立性は

$$x \, R(u_1', u_2) \, y$$

が維持されることを求める。効用の数値がどのように変化しても、選択肢全体での順序が変わっても、そのような変化を社会厚生の評価に組み入れてはいけないというのが二項独立性である。この情報利用の禁止こそが二項独立性の特徴である。

社会的選択理論には「効用の個人間比較を認めないなら二項独立性は意味をなす」という主張もある。しかし、それを支持する説得性の高い根拠を見付けることは容易でない。ある人の考えが「x は y よりちょっと嫌だ」から「x は y より大嫌い」に変わったときに、その変化を社会は**一切考慮し**てはならないというのが二項独立性の要求だからだ。

厚生主義の設定では、第 5 章までの投票の設定における以上に、アローの不可能性定理を深刻に受け止めることは難しい。しかし当該分野における記念碑的存在として、この定理を記しておこう。

条件 9 いまある i が存在して、どのような x, y と u に対しても、$u_i(x) > u_i(y)$ が成り立つとき、必ず $x \, P(u) \, y$ も成り立つとする。このとき i を R における**独裁者**という。独裁者が存在しない R は**非独裁性**を満たすという。

定理 20 (アローの不可能性定理) 選択肢の数が $m \geqq 3$ だとする。効用関数の組み合わせの全体上で定義された任意の社会的順序関数 R について考える。もし R が満場一致性と二項独立性を満たすならば、R における独裁者が存在する。つまり効用関数の組み合わせの全体上で定義された社会的順序関数のうち、満場一致性、二項独立性、非独裁性を全て満たすものは存在しない。

6.4 自由主義のパラドックス

ここでは、アマルティア・センが考察の俎上に載せた、自由主義を尊重する社会的選択の可能性について論じよう (Sen 1970b)。彼が示した「自由主義のパラドックス」が真に何を意味するか理解するのは容易でないが、議論の運び自体は平明で、かつ読み手に独特の印象を与えるものだ。

いま個人 1 と 2 がいる状況を考える。個人 1 はある宗教を熱心に信仰しており、その教典を大事に持っている[13]。一方で個人 2 はその宗教を嫌悪している。

更に彼らは互いに次のような思惑を交差させている。まず個人 1 は「私にはこの教典が必要だが、それ以上に個人 2 にこれを持って信仰を共有してほしい。教典を捨てるなどありえない」と思っている。そして個人 2 は「そんな教典は存在してほしくない。個人 1 が教典を持つのも嫌で、個人 1 が持つくらいなら取り上げて自分で持ったほうがよい」と思っている。

ではここで、教典は誰が持つべきなのだろうか。あるいはそれは破棄されるべきなのだろうか。可能な選択肢は以下の三通りである。

- $x =$ 個人 1 が教典を持つ
- $y =$ 個人 2 が教典を持つ
- $z =$ 教典は破棄される

個人 1 と 2 はこれらの選択肢について次のような順序付けを持っている。

---

13) センは題材として教典でなく、当時は性描写が過激とされた小説『チャタレイ夫人の恋人』を用いていた。しかし今日の感覚ではそれはあまり過激でないので、ここでは題材を別のものに変更した。

	個人 1	個人 2
1 位	y	z
2 位	x	y
3 位	z	x

　ここではベンサムの功利主義を発展的に引き継いだジョン・スチュアート・ミル (1806-1873 Mill) による、次のような原則に基づく自由主義を尊重することにしよう。それはミルの主著『自由論』で入念に論じられ、後の研究者により**危害原則**と名付けられたものだ。

> 　ある行動を強制するか、ある行動を控えるよう強制するとき、本人にとって良いことだから、本人が幸福になれるから、さらには、強制する側からみてそれが賢明だから、正しいことだからという点は正当な理由にならない。これらの点は、忠告するか、理を説くか、説得するか、懇願する理由にはなるが、強制する理由にはならないし、応じなかった場合に処罰を与える理由にはならない。強制や処罰が正当だといえるには、抑止しようとしている行動が誰か他人に危害を与えるものだといえなければならない。
>
> J.S. ミル『自由論』(Mill 1859)[14]

　ではこうした自由主義を尊重するとして、この場で x と y と z のうち、どれが選択されるべきなのだろうか。結論から言うと、容易に答えは出せない。

　個人 1 の自由尊重　x と z を比較しよう。これら両状況の違いは、唯一「個人 1 が教典を持つかどうか」だけである。x という状況が実現可能な以上、個人 1 の「教典を持つ」という自由を尊重するならば、z は選ばれるべきではない。

　個人 2 の自由尊重　y と z を比較しよう。これら両状況の違いは、唯一「個人 2 が教典を持つかどうか」だけである。z という状況が実現可能な以

---

14)　この引用は山岡洋一氏による邦訳『自由論』 (2011) の 26–27 ページから行った。

上、個人 2 の「教典を持ちたくない」という自由を尊重するならば、y は選ばれるべきではない。

満場一致性　x と y を比較しよう。個人 1 と 2 はともに y を x より好んでいる。つまり満場一致で他の選択肢 y に負けてしまうような x は選ばれるべきではない。

　以上の議論から、自由主義と満場一致性をともに求めるとすれば、どの選択肢も選べないことになってしまう。これがセンにより提示された**自由主義のパラドックス**である。個人 1 も 2 も他者に対して「持ってほしい、持ってほしくない」という干渉的な選好を持っており、それを要因としてパラドックスが発生したのは明らかだろう。

　そこで前節で論じた、ロールズが与えた思考の枠組みを用いて、自由主義のパラドックスを再検討してみよう[15]。無知のヴェールに覆われた原初状態において、社会の基本構造のひとつである自由のあり方について、取り決めることを考えてみよう。そこでは先に引用したミルの文章に表されるような、危害原則に基づく自由主義の尊重が認められるのではないか。とするとそれが認められた社会において、教典を持たせたり剥奪したりという干渉的な行動は、正当な権利として認められない。

　つまり個人 1 の「個人 2 に教典を持たせたい（だから y が x より好ましい）」という願望、個人 2 の「個人 1 に教典を持たせたくない（だから y が x より好ましい）」という願望、これらの彼らそれぞれの善概念は、正概念の下位に置かれる。よって、彼らがそのように考えること自体は構わないとしても、正義に適う社会の基本構造は、そうした考えを社会的意思決定において優先しない。とすれば個人 1 は大事な教典を捨てられることはなく（z を否定）、個人 2 は嫌いな教典を持たせられることはなく（y を否定）、結局、個人 1 が教典を持ったままが望ましいという社会的意思決定がなされる（x を肯定）。これは満場一致性に違反しているが、そもそも「満場一致」を支える両者の干渉自体が正当性を確保しないので、ここでの満場一致性

---

15)　この議論の着想は藤川 (1984、382 ページ) に基づく。

への「違反」は問題とならず、それゆえにパラドックスは発生しない。

　むろん危害原則は万能ではない。場合によっては何が「危害」か線を引くのは容易でないからだ。しかしそれでも、明らかに危害と呼べるものでない限り、互いの行為や思想については寛容であることが自由社会においては大切だという、その根本的な考え方は重要である。人間は皆互いに違っているゆえ、彼らは画一化されるのではなく、各人が各人の善を追求していくことが大切であり、それを可能とするためには自由を尊重する社会の仕組みが必要だからだ。その意味で危害原則は、多様な人々が多様なまま、仮に互いに分かり合えないとしても差別無く共存していける社会の、ひとつの礎を与えるものだ。

第7章

マジョリティ・ジャッジメント

7.1 絶対評価の集約

これまでの章では、投票者の候補者への順序付けを集約するルールを論じてきた。例えば投票者は、ボルダルールでは「候補者 x が 1 位、y が 2 位、z が 3 位」、多数決では「候補者 x が 1 位」と表明するようにだ。順序とは相対的なもので絶対的な評価の情報を含んでいない。例えばある投票者が「候補者 x を（相対的に）1 位」だと表明しても、それは「x を（絶対的に）高く評価している」ことを意味しない。その投票者の候補者 x への評価は低いが、他の候補者への評価はもっと低いので、x を 1 位としているだけかもしれない。

この章ではマジョリティ・ジャッジメント（MJ）という絶対評価を集約するルールを論じる。MJ は Balinski and Laraki (2007, 2011) が提唱した新しい集約ルールである。それは人々が与えた絶対評価の「真ん中」によって全体の意志を反映し、また戦略的操作について相応の強さをもつ。MJ は、Brams and Fishburn (1978) が考察した是認投票という集約ルールを発展させたものとなっている。そこで本章では是認投票から説明を始め、MJ の説明へと移る。是認投票はマジョリティ・ジャッジメントの特殊ケースだが、これはこれで優れており、社会的選択理論の国際学会である Society for Social Choice and Welfare は理事選挙を是認投票で実施して

いる。

7.2 是認投票

例として、いま議員選挙に4人の候補者 w, x, y, z がいて、投票用紙が次のようだとする。投票者はそれぞれの候補者を議員として認めるなら○を付ける。○はいくつ付けてもよく、全員に付けることも、全員に付けないこともできる。

候補者	w	x	y	z
認めるなら○を記入				

表 7.1 是認投票の投票用紙

例えば、w と y を議員として認める投票者は、次のように投票用紙に○を付ける。

候補者	w	x	y	z
認めるなら○を記入	○		○	

表 7.2 是認投票の投票例

いま各候補者が集めた○の総数が次の通りだとする。最多の○を集めた候補者は y、次点が z である。もしこの選挙での当選者数が一人ならば y が当選し、二人ならば y と z が当選する。

候補者	w	x	y	z
○の総数	9	7	12	10

表 7.3 是認投票の結果例

是認投票の特徴は、あくまで候補者たちは当選をめぐり競い合う存在と

いうことだ。これがいわゆる信任投票だと、候補者たちは競い合わず、一定数以上の○を集めた候補者はすべて当選する。例えば上記の例だと、かりに信任のルールが「9 以上が当選」なら w, y, z が当選し、「10 以上が当選」なら y, z が当選し、「13 以上が当選」ならすべて落選する。つまり信任投票とは、個々の候補者へ○か×の評価をして、一定数の○が集まった候補者が当選というルールだ[1]。

是認投票の利点は少なくとも二つある。票割れの問題が生じないことと、戦略的操作に対して強いことだ。多数決のように一つしか○を付けられないと似た候補者の間で票が割れるが、是認投票だと投票者は自身が認める候補者に何個でも○を付けられるので票割れが起こらない。そして是認投票のもとで「本当は x を○だと思う投票者」は、x を○だと正直に表明すると、x は○が 1 つ増えて当選しやすくなる。逆に×を表明すると、x が当選しにくくなる。この意味で是認投票は、虚偽の表明をして結果を変える戦略的操作に強い。

7.3　マジョリティ・ジャッジメント

7.3.1　グレードによる絶対評価

是認投票では投票者は、それぞれの候補者について、認めるか否かだけを表明する。つまり投票者は、それぞれの候補者をどれくらい良いと思うか、悪いと思うかといった程度を表明しない。Balinski and Laraki (2007, 2011) が提案したマジョリティ・ジャッジメント（MJ）はこの点が是認投票と異なり、投票者が良し悪しの程度まで表明する。あらゆる集約ルールは投票用紙の情報を投票結果に変換する装置だが、MJ の投票用紙に記され

1）　日本では最高裁判所の裁判官への国民審査が信任投票となっている。ただしこれは投票者が、罷免したい裁判官に○ではなく×を付ける仕組みで、×の総数が有効投票の過半数となった裁判官は罷免される。戦後にこの制度が発足してから 2024 年末の時点まで、この仕組みで罷免された裁判官は一人もいない。これに限らず信任投票は、信任されることが、事実上の前提のようになっている場合が多い。しかし信任投票が制度として確立していることは、信任の対象に正しく行動するインセンティブを与え、また非暴力の権力移行を可能にするので重要である。

136   第 7 章　マジョリティ・ジャッジメント

る情報量は非常に多い。

　例として、議員選挙に 4 人の候補者 w, x, y, z がいて、投票用紙が次のようだとする。この投票用紙では、各投票者は、それぞれの候補者への評価を一つ選ぶ。

候補者	w	x	y	z
非常に良い				
良い				
やや良い				
やや悪い				
悪い				
非常に悪い				

表 7.4　マジョリティ・ジャッジメントの投票用紙

　例えばある投票者は、それぞれの候補者を次のように評価する。

候補者	w	x	y	z
非常に良い				
良い			✓	
やや良い	✓			
やや悪い				
悪い				
非常に悪い		✓		✓

表 7.5　マジョリティ・ジャッジメントの投票例

　ここで評価の言葉「非常に良い」「良い」「やや良い」「やや悪い」「悪い」「非常に悪い」を**グレード**という。グレードの高低を

　　非常に良い > 良い > やや良い > やや悪い > 悪い > 非常に悪い

のように記号 > で表す。

7.3 マジョリティ・ジャッジメント

　先ほど「MJ の投票用紙に記される情報量は非常に多い」と述べたが、MJ での投票者の行動は単純に、各候補への評価のマスにチェックを入れるだけである。つまり投票の仕方が難しいわけではなく、これについて実用性の観点から難はない。また投票者は、自分が良し悪しを評価できない候補者には、どこにもチェックを付けず棄権してもよい。ただし本書で扱う例は、説明の簡便性のため、棄権がないものとなっている。

　これから展開する議論は、グレードが何であっても何個あっても同様に成立する。しかしグレードが数字ではなく言葉であること、および適切な個数であることは実用上きわめて重要だ。例えばグレードが数字で 10 個

$$10 > 9 > 8 > 7 > 6 > 5 > 4 > 3 > 2 > 1$$

の場合を考えてみよう。このとき、二人の投票者が候補者 x を同程度に高く評価したとして、一人は 9 を付け、もう一人は 8 を付けるかもしれない。人によって数に与える意味は異なるからだ。例えば褒める文化にいる人は 9 や 10 を容易く付けるし、減点主義の職場で働く人は 9 や 10 をなかなか付けない。すると二人の投票者が同じ「8」を付けていても、一方のそれは低評価、もう一方のそれは高評価の意味をもつ。つまり異なる意味をもつものを、同じ記号「8」で表してしまう。言葉は数字よりはるかに人々の間で意味を共有しやすいので、グレードは言葉であらねばならない。

　ただしグレードの個数が多くなるにつれ、各投票者は「グレード間の差異」を判別しにくくなる。例えば

最高に良い ＞ 非常に良い ＞ 良い ＞ やや良い ＞ 普通 ＞

やや悪い ＞ 悪い ＞ 非常に悪い ＞ 最低に悪い

という 9 個のグレードがあるとしよう。すると投票者は「最高に良い」と「非常に良い」の違いは何なのか、語感で判別するのが難しい。認知心理学の研究では、人間が明確に区別できるのは 7 段階前後だとよく論じられる（Miller 1956）。実際、Balinski and Laraki (2020) は MJ を用いた世論調査で、回答者の多くは 7 段階のグレードを与えられても 7 段階すべてを使い切らず、6 段階のグレードを与えられたときと結果がほぼ同じだったと指

摘している。結論として彼らは「5 は必要で、6 段階はよい数で、7 は不要だ」と述べている。「5 は必要」というのは、段階数が少ないと集団的評価の差を付けにくくなるため、5 個程度のグレードは最低でも用意すべきという意味だ。

数字ではなく言葉で評価すること、およびグレード数が適切であることは、投票に限らず、商品やサービスへの顧客満足度調査でも同様に重要である。よく企業は、1〜10 の 10 段階評価や 0〜10 の 11 段階評価で、顧客に満足度や推奨度を答えてもらう調査をするが、その手法には上述の批判が全て当てはまる。

7.3.2 中位グレード

投票者 i の候補者 x へのグレードを $g_i(x)$ で表す。候補者 x について、n 人いる投票者のグレードを並べて

$$g(x) = (g_1(x), \ldots, g_n(x))$$

と書く。それら n 個あるグレードの、評価としての「真ん中」を**中位グレード**と呼び、$\mathrm{med}(g(x))$ で表す。MJ では、x への中位グレード $\mathrm{med}(g(x))$ で、x への集団的評価を与える。つまり n 人が与えた n 個ある評価の真ん中を、皆からの評価とする。

例を見てみよう。いま $n = 9$ とし、各投票者の x へのグレードが

- $g_1(x) = g_8(x) =$ 非常に良い
- $g_4(x) = g_5(x) =$ 良い
- $g_3(x) =$ やや良い
- $g_2(x) = g_7(x) = g_9(x) =$ 悪い
- $g_6(x) =$ 非常に悪い

だとする。このとき中位グレードは

$$g(x) = (g_1(x), g_2(x), g_3(x), g_4(x), g_5(x), g_6(x), g_7(x), g_8(x), g_9(x))$$

の真ん中、つまり上から 5 番目（＝下から 5 番目）の

$$\mathrm{med}(g(x)) = g_3(x) =$$ やや良い

7.3 マジョリティ・ジャッジメント 139

である。

この例は投票者数が奇数なのでグレードの中位が一つに定まる。しかし投票者数が偶数のときグレードの中位は二つありえる。よってグレードの中位が複数あるときは、常に上方を選ぶ、または常に下方を選ぶとあらかじめ決める必要がある。今後、中位グレードというときには、そのどちらかに決められているものとする。例えば投票者が 10 人いて「やや良い」が 2 票、「やや悪い」が 3 票、「悪い」が 3 票、「非常に悪い」が 2 票だとすると、グレードの中位は「やや悪い」と「悪い」である。もし常に上方を選ぶと決めているなら中位グレードは「やや悪い」、常に下方を選ぶと決めているなら中位グレードは「悪い」となる。ただし投票者の数が多いと、投票者数が偶数であっても、グレードの中位は一つだけになりやすい。

中位グレードを選択する手法は戦略的操作への強さがある。自分のグレードが中位グレードより高い投票者は、自分のグレードを真意より高く表明しても、中位グレードを上げられないのだ。例えばいまの例で投票者 4 のグレード $g_4(x) = $「良い」は、中位グレード $\mathrm{med}(g(x)) = $「やや良い」より高い。そして投票者 4 が真意より高く $g_4'(x) = $「非常に良い」と表明しても中位は変わらない。というのは、投票者 4 が $g_4(x)$ ではなく $g_4'(x)$ を表明した

- $g_1(x) = g_8(x) = g_4'(x) = $ 非常に良い
- $g_5(x) = $ 良い
- $g_3(x) = $ やや良い
- $g_2(x) = g_7(x) = g_9(x) = $ 悪い
- $g_6(x) = $ 非常に悪い

のときも、中位グレードは「やや良い」のままだからだ。つまり投票者は嘘をつくことで、中位グレードを自分の真意の方向に引き寄せられない[2]。次の定理は MJ がもつこうした戦略的操作への強さを、厳密に述べたものだ。

---

　2)　本節のモデルで中位グレードを選ぶ方式がこの性質を満たすことと、第 4.3 節のモデルで中位ルールが耐戦略性を満たすことは、実質的には同じことを意味している。実際、それらに対応する定理 21 と定理 14 の証明はほぼ同じである。

なお、記号

$$\mathrm{med}(g_i'(x), g_{-i}(x))$$

は「i が $g_i'(x)$ を表明して他の $j \neq i$ が $g_j(x)$ を表明したときの中位グレード」を意味する。

定理 21　いま i の x へのグレード $g_i(x)$ が中位グレードより高い、つまり $g_i(x) > \mathrm{med}(g(x))$ だとする。このとき i は別のグレード $g_i'(x)$ を表明しても、中位グレードを上げられない。つまり任意の $g_i'(x)$ について、$\mathrm{med}(g(x)) \geqq \mathrm{med}(g_i'(x), g_{-i}(x))$ が成り立つ。

[証明]　まず i が x へのグレードを下げる $g_i(x) > g_i'(x)$ のケースを考える。このとき明らかに中位グレードは上がらない。つまり $\mathrm{med}(g(x)) \geqq \mathrm{med}(g_i'(x), g_{-i}(x))$ が従う。

次いで i が x へのグレードを上げる $g_i'(x) > g_i(x)$ のケースを考える。いま $g_i'(x) > g_i(x) > \mathrm{med}(g(x))$ なので

$$g(x) = (g_1(x), \ldots, g_{i-1}(x), g_i(x), g_{i+1}(x), \ldots, g_n(x))$$

と

$$(g_i'(x), g_{-i}(x)) = (g_1(x), \ldots, g_{i-1}(x), g_i'(x), g_{i+1}(x), \ldots, g_n(x))$$

の中位は一致する。つまり $\mathrm{med}(g(x)) = \mathrm{med}(g_i'(x), g_{-i}(x))$ が成り立つ。例えば $n = 5$ のとき

$$g(x) = (やや悪い, 悪い, やや良い, 良い, 良い)$$

の中位グレードは「やや良い」だが、ここで投票者 4 が $g_4 = $「良い」を $g_4' = $「非常に良い」に変えて

$$(g_4'(x), g_{-4}(x)) = (やや悪い, 悪い, やや良い, 非常に良い, 良い)$$

となっても中位グレードは「やや良い」のままである。

よって、常に $\mathrm{med}(g(x)) \geqq \mathrm{med}(g_i'(x), g_{-i}(x))$ が成り立つ。　□

次の定理は、定理 21 と同様に示せる。

定理 22 いま i の x へのグレード $g_i(x)$ が中位グレードより低い、つまり $\mathrm{med}(g(x)) > g_i(x)$ だとする。このとき i は別のグレード $g_i'(x)$ を表明しても、中位グレードを下げられない。つまり任意の $g_i'(x)$ について、$\mathrm{med}(g_i'(x), g_{-i}(x)) \geqq \mathrm{med}(g(x))$ が成り立つ。

7.3.3 中位グレードの比較

MJ は複数の候補者を中位グレードで比較する。例として、9 人の投票者 $i = 1, \ldots, 9$ と 4 人の候補者 w, x, y, z がいるとしよう。ここで各 i は

$$g_i = (g_i(w), g_i(x), g_i(y), g_i(z))$$

を表明する。そして各候補者 $a = w, x, y, z$ の集団的評価は、9 個ある a へのグレードの真ん中である中位グレード

$$\begin{aligned}\mathrm{med}(g(a)) = \mathrm{med}(&g_1(a), g_2(a), g_3(a), g_4(a), g_5(a),\\ &g_6(a), g_7(a), g_8(a), g_9(a))\end{aligned}$$

となる。次の表の各マスは、どの候補者がどのグレードを何票獲得したかを表している。例えば候補者 w は上から「非常に良い」を 2 票、「良い」を 2 票、「やや良い」を 1 票獲得しており、真ん中である 5 番目の「やや良い」が中位グレードである。中位グレードは太字で記してある。

候補者	w	x	y	z
非常に良い	2			1
良い	2		2	
やや良い	**1**	2		1
やや悪い			4	2
悪い	3	2	3	**3**
非常に悪い	1	**5**		2

表 7.6 マジョリティ・ジャッジメントの結果

このとき MJ による集団的評価で候補者を順序付けると、上から $w\,y\,z\,x$ となる。この例だと同順位は生じていないが、次の例だと y と z が同順位になる。

候補者	w	x	y	z
非常に良い	2			
良い	2		2	1
やや良い	**1**	2		1
やや悪い			4	5
悪い	3	2	3	
非常に悪い	1	**5**		2

表 7.7 同順位が起こる例

　集団的評価の同順位を解消する一つのよいやり方は、「中位グレード以上を付けた投票者の人数」で優劣を付けることだ。いま y と z の中位グレードがともに「やや悪い」で同順位だが、y に「やや悪い」以上を付けた人は 2+4=6 人で、z に「やや悪い」以上を付けた人は 1+1+5=7 人なので、集団的評価は z が y より上だとして優劣を付ける。このやり方だと、定理 21 と 22 が示す戦略的操作への強さが、そのまま維持できる。しかし大まかに言って、他の多くのやり方は、定理 21 と 22 が成り立たなくなるという意味で上手くいかない。例えば y と z が同順位のとき「非常に良い」の人数で優劣を付けるとしよう。すると、表 7.7 で y を「良い」と評価していたある投票者が、真意を偽り y を「非常に良い」と表明したら、結果は次の表のようになる。

候補者	w	x	y	z
非常に良い	2		1	
良い	2		1	1
やや良い	**1**	2		1
やや悪い			4	5
悪い	3	2	3	
非常に悪い	1	**5**		2

表 7.8 1 人が真意を偽り y を「非常に良い」と表明

7.3 マジョリティ・ジャッジメント　143

このとき y と z の中位グレードは「やや悪い」で同順位のままだが、「非常に良い」が 1 人となった y が、「非常に良い」が 0 人の z より上になる。つまり投票者が正直にグレードを表明するインセンティブが下がってしまう。

7.3.4　マジョリティ・ジャッジメントへの戦略的操作

これまで本書で論じたどの集約ルールも、第 4.3 節で扱った単峰性下での中位ルールを除いては、第 4.7 節で示したギバード゠サタスウェイト定理が示すように、戦略的操作の影響を受けうる。この事実が MJ についても成り立つことを例で示そう。

いま投票者 i による真のグレード g_i が

- $g_i(w) =$ やや良い
- $g_i(x) =$ 非常に悪い
- $g_i(y) =$ 良い
- $g_i(z) =$ 非常に悪い

だとする。そして i がこのグレードを正直に表明したときの集団的評価は次の表の通りとする。

候補者	w	x	y	z
非常に良い	2			
良い	2		<u>2</u>	1
やや良い	<u>**1**</u>	2		1
やや悪い			**4**	2
悪い	3	2	3	**3**
非常に悪い	1	<u>**5**</u>		<u>2</u>

表 7.9　投票者 i が正直に g_i を表明したときの集団的評価。下線は i によるグレードで、太字は中位グレード。

投票者 i が最も高く評価するのは $g_i(y) =$ 「良い」の y で、次点は $g_i(w) =$ 「やや良い」の w だ。だがこのときの集団的評価は、$\mathrm{med}(g(w)) =$ 「やや良

い」と $\mathrm{med}(g(y)) = $「やや悪い」なので、$w$ が y の上にいる。

では、もし i が、w へのグレードを不正直に低く表明するとどうなるか。具体的には

- $g_i'(w) = $ 悪い
- $g_i'(x) = $ 非常に悪い
- $g_i'(y) = $ 良い
- $g_i'(z) = $ 非常に悪い

である g_i' を表明すると、結果は次のようになる。

候補者	w	x	y	z
非常に良い	2			
良い	2		<u>2</u>	1
やや良い		2		1
やや悪い			4	2
悪い	<u>**4**</u>	2	3	**3**
非常に悪い	1	<u>**5**</u>		<u>**2**</u>

表 7.10　投票者 i が不正直に g_i' を表明したときの集団的評価。下線は i によるグレードで、太字は中位グレード。

つまり i は w へのグレードを不正直に表明したことで、w への集団的評価を「やや良い」から「やや悪い」に下げられる。この不正直表明によっても、i が最も好む y の集団的評価は「やや悪い」のまま変わらないが、正直表明のとき y は w より集団的評価が低かったのに対して、不正直表明のとき y は w よりも集団的評価が高い。

しかしながら、定理 21 と 22 が示すように、中位を定義の土台とする MJ は、戦略的操作に対して独特の強さをもつ。例えばいまの例では、i は w への集団的評価を下げることはできたが、それと同時に y への集団的評価を上げることはできない（もし i が y へのグレードを「非常に良い」と上げても、y への集団的評価は「やや悪い」のまま）。この事実を一般的に述べたのが次の定理である（Balinski and Laraki 2020, Theorem 5 (2)）。

定理 23 任意のグレードの組み合わせ $g = (g_1, \ldots, g_n)$ と候補者 x, y について考える。いま $\mathrm{med}(g(x)) \geqq \mathrm{med}(g(y))$ であり、投票者 i は $g_i(y) > g_i(x)$ だとする。このとき i が不正直表明によって、x の中位グレードを下げて、y の中位グレードを上げることは同時にはできない。つまり

$\mathrm{med}(g(x)) > \mathrm{med}(g_i'(x), g_{-i}(x))$ かつ $\mathrm{med}(g_i'(y), g_{-i}(y)) > \mathrm{med}(g(y))$

を満たす $g_i'(x), g_i'(y)$ は同時には存在しない。

[証明] いま $\mathrm{med}(g(x)) > \mathrm{med}(g_i'(x), g_{-i}(x))$ を満たす $g_i'(x)$ が存在するとしよう。このとき定理 22 は、$\mathrm{med}(g(x)) > g_i(x)$ ではないことを含意するので、$g_i(x) \geqq \mathrm{med}(g(x))$ である。

背理法を用いて矛盾を導く。いま $\mathrm{med}(g_i'(y), g_{-i}(y)) > \mathrm{med}(g(y))$ を満たす $g_i'(y)$ も存在するとしよう。定理 21 は、$g_i(y) > \mathrm{med}(g(y))$ ではないことを含意するので、$\mathrm{med}(g(y)) \geqq g_i(y)$ である。

よって前提 $\mathrm{med}(g(x)) \geqq \mathrm{med}(g(y))$ より

$$g_i(x) \geqq \mathrm{med}(g(x)) \geqq \mathrm{med}(g(y)) \geqq g_i(y)$$

が従うが、これはもう一つの前提 $g_i(y) > g_i(x)$ に矛盾である。 □

7.3.5 複数の項目への評価

これまで本章では Balinski and Laraki (2011) に倣い、評価の対象を「良い」や「悪い」といった優劣の一次元で評価する設定を置いていた。これは選挙のように投票者が候補者の能力を細かく知らない状況では、妥当な設定である。しかし第 6.2 節で論じたレーティングのように人や商品を評価する状況では、複数の項目を評価してから、総合的な一次元の評価にまとめることが多い。濱田 (2020) はこのことを企業の人事評価の文脈で指摘し、個々の項目に MJ を適用する手法を考察している。例えば人事評価でのそれら項目が、達成力 a、協調力 b、適応力 c だとしよう。評価者 i は、評価の対象である社員 x に対し、達成力はグレード $g_i(x|a)$、協調力はグレード $g_i(x|b)$、計算力はグレード $g_i(x|c)$ であると評価する。すると社員 x の達成力については、複数の評価者 $i = 1, \ldots, n$ によるグレード

$$g(x|a) = \big(g_1(x|a), \ldots, g_n(x|a)\big)$$

が集まり、中位グレード $\mathrm{med}(g(x|a))$ が定まる。

MJ は社員 x に、達成力は $\mathrm{med}(g(x|a))$、協調力は $\mathrm{med}(g(x|b))$、適応力は $\mathrm{med}(g(x|c))$ といった集団的評価を与える。MJ が戦略的操作に強いことは、人事評価の文脈では、評価者がえこ贔屓や嫌がらせをしにくいことを意味するので、きわめて重要である。

さて、これら複数の基準への集団的評価をさらにどう集約するかは、次の段階の問題である。濱田は一つの案として、それらの真ん中、いまの例でいうと 3 つの集団的評価の中位

$$\mathrm{med}\big(\mathrm{med}(g(x|a)), \mathrm{med}(g(x|b)), \mathrm{med}(g(x|c))\big)$$

を選ぶ手法を考察している。この手法は中位に中位を重ねるので、えこ贔屓や嫌がらせが極めて困難になる。その反面として、中位の性質上

$$\mathrm{med}(5,6,8) = 6 = \mathrm{med}(5,6,10)$$

となるように、一つの項目の改善（適応力が 8 から 10 に向上）が結果に反映されにくい。

そこで第 6 章の社会厚生基準やレーティングの議論を想起すると、次のような手法も考えられる。それは $\mathrm{med}(g(x|a))$、$\mathrm{med}(g(x|b))$、$\mathrm{med}(g(x|c))$ を数値化したうえで、足し算

$$\mathrm{med}(g(x|a)) + \mathrm{med}(g(x|b)) + \mathrm{med}(g(x|c))$$

や掛け算

$$\mathrm{med}(g(x|a)) \times \mathrm{med}(g(x|b)) \times \mathrm{med}(g(x|c))$$

で集約する手法である。また、複数の項目に異なる重み $\alpha, \beta, \gamma > 0$ を付けて、加重和

$$\alpha \cdot \mathrm{med}(g(x|a)) + \beta \cdot \mathrm{med}(g(x|b)) + \gamma \cdot \mathrm{med}(g(x|c))$$

や加重幾何平均

$$\mathrm{med}(g(x|a))^{\alpha} \times \mathrm{med}(g(x|b))^{\beta} \times \mathrm{med}(g(x|c))^{\gamma}$$

とする手法もありえる。

中位や加重和や加重幾何平均をはじめ、どの手法が望ましいかは評価の目的に応じて異なるが、それぞれの目的に応じた手法を選ぶことが大切である。現在 MJ は選挙を念頭に置いて論じられることが多いが、MJ は人や商品の評価にも適しており、そうした評価における実用と研究が今後進展することが期待される。

おわりに

　ある時期の社会的選択理論には「できない」ことを示して誇る文化があった。二項独立性という要求の強烈さを脇に置き、アローの不可能性定理を持ち出しては賢しらに民主主義の困難を語る学者の風潮もあった。若い時分の私はそうした文化や風潮に随分と不満があり、自分はこの学問分野にある「できる」を広めたいと願っていた。そもそも民主主義の困難などは、大層な定理など持ち出さずとも社会や世間を見れば容易に分かりそうなものだ。

　それゆえ2013年に本書の旧版を書いたときは、不可能性の幻想を振り払い、適切に「できる」を書くよう心掛けた。ボルダとコンドルセの古典から当該分野を見渡す構成をとることが、その作業を可能にしてくれた。彼らは現代よりもはるかに困難な時代に、ひたすらに望ましい集約ルールの構築を追求していた。せめてその叡智と姿勢を引き継ぐ義務が、現代の理論家にはあるように思われた。

　新版での最も大きな変化はマジョリティ・ジャッジメントとレーティングの加筆である。マジョリティ・ジャッジメントは中位選択肢に関する「できる」学知を巧みに発展させ作られている。レーティングは自分が事業化を手掛けたが、それも「できる」を示す多くの学知に頼っている。不可能性定理にも意義はあろうが、それ以上に、できる可能性を示す学知の価値は高い。可能性の科学としての社会的選択理論を、読者に伝えられていれば幸

いである。

　新版の作成においては、旧版と同じく、日本評論社の小西ふき子氏と飯野玲氏の手を煩わせた。新たに加筆した箇所については、慶應義塾大学の大学院生である土井涼雅君から詳しいコメントをいただいた。マジョリティ・ジャッジメントへの私の理解はリダ・ララキ氏と郡山幸雄氏との交流に学恩を負う。記して感謝する。

　次の謝辞は、旧版での謝辞を引き継ぐものである。日本評論社の小西ふき子氏、飯野玲氏、吉田桃子氏からは、証明の細部を含む原稿全編に渡り、何百もの有益な指摘をいただいた。小島武仁氏、佐藤伸氏、高宮浩司氏、濱田弘潤氏、東陽一郎氏からは多くの鋭いコメントをいただいた。本書の草稿は慶應義塾大学の研究会で教材として用いたが、そこでは井口蔵人、池邉暢平、稲葉祐太郎、大関一輝、大谷秀平、岡本実哲、大塚美里、岡野真一郎、坂本亮、佐々木政紀、清水優香子、白塚弘眞、内藤豊男らの各君から本稿の改善に直接つながる指摘を頂いた。なかでも河田陽向君からは全編に渡る詳細なコメントを受けた。新版においても、以上の方々にあらためて謝意を表する。

2025 年 1 月

坂井豊貴

引用文献

　原典の入手は困難だが、そのリプリントが比較的入手し易い論文集などに所収されている文献は、出版先としてそちらの論文集の方を記した。

安藤隆穂 (2007)『フランス自由主義の成立——公共圏の思想史』 名古屋大学出版会

安藤隆穂 (2010)「コンドルセとフランス自由主義」、三浦信孝 編集『自由論の討議空間——フランス・リベラリズムの系譜』に所収、勁草書房

石堂常世 (2013)『フランス公教育論と市民育成の原理——コンドルセ公教育論を起点として』 風間書房

稲垣宣生 (2003)『数理統計学』改訂版 裳華房

隠岐さや香 (2000)「パリ王立科学アカデミーとコンドルセ——1776–1789」 東京大学大学院総合文化研究科修士論文

隠岐さや香 (2001)「一七八〇年代のパリ王立科学アカデミーと「政治経済学」」 東京大学教養学部哲学・科学史部会『哲学・科学史 論叢』第三号、95–118 ページ

隠岐さや香 (2011)『科学アカデミーと「有用な科学」 フォントネルの夢からコンドルセのユートピアへ』 名古屋大学出版会

株式会社 AppBrew (2022)「商品の点数評価について」
　　https://lipscosme.com/product_ratings

株式会社マイベスト、秋山楓果 (2023)「mybest のレーティングは 4.0 点以上を信頼の指標にする」https://tsushin.my-best.com/articles/042

後藤玲子 (2002)『正義の経済哲学——ロールズとセン』 東洋経済新報社

坂井豊貴 (2007)「投票制度：民意を反映する方法」 『経済セミナー増刊 ゲーム

理論プラス』所収、日本評論社

坂井豊貴 (2012)「『民意』の絶対視にも問題」日本経済新聞 2012 年 8 月 15 日付け朝刊「経済教室」欄

坂井豊貴、今井誠 (2024) 特許 7454313「スコアリング装置、スコアリング方法、およびスコアリングプログラム」登録日 2024 年 3 月 13 日

坂井豊貴、藤中裕二、若山琢磨 (2008)『メカニズムデザイン――資源配分制度の設計とインセンティブ』ミネルヴァ書房

須賀晃一 (2013)「経済学と社会正義」船木由喜彦・石川竜一郎 編『制度と認識の経済学』所収、NTT 出版

鈴村興太郎 (2012)『社会的選択の理論・序説』東洋経済新報社

盛山和夫 (2006)『リベラリズムとは何か――ロールズと正義の論理』勁草書房

高橋誠一郎 (1943)『古版西洋経済書解題』慶應出版社

濱田元房 (2020)「企業組織の集団的意思決定――社会的選択理論からの考察」京都産業大学経済学レビュー 第 7 号、57–74 ページ

藤川吉美 (1984)『正義論の歴史』論創社

丸山徹 (2008)『ワルラスの肖像』勁草書房

吉川徹、竹尾哲平、坂井豊貴、河田陽向 (2024) 特許 7426681「商品／サービスの選択時にユーザー視点で横断共通な評価を実現する方法」登録日 2024 年 1 月 25 日

Anscombe, G. E. M. (1976) "On Frustration of the Majority by Fulfillment of the Majority's Will," *Analysis*, Vol. 36, pp. 161–168.

Arrow, K. J. (1951) *Social Choice and Individual Values*, 1st edition, John Wiley & Sons.

Arrow, K. J. (1963) *Social Choice and Individual Values*, 2nd edition, Yale University Press. 邦訳に長名寛明『社会的選択と個人的評価』(1977 日本経済新聞社) がある。

Arrow, K. J. (2012) *Social Choice and Individual Values*, 3rd edition, Yale University Press. 邦訳に長名寛明『社会的選択と個人的評価』(2013 勁草書房) がある。

Arrow, K. J., Sen, A. K., and Suzumura, K. (2002) *Handbook of Social Choice and Welfare*, Volume 1 (Handbooks in Economics), North Holland. 邦訳に鈴村興太郎・中村慎助・須賀晃一・廣川みどり 監訳『社会的選択と厚生経済学ハンドブック』(2006 丸善) がある。

引用文献 153

Arrow, K. J., Sen, A. K., and Suzumura, K. (2010) *Handbook of Social Choice and Welfare*, Volume 2 (Handbooks in Economics), North Holland.

Austen-Smith, D. and Banks, J. S. (2001) *Positive Political Theory I: Collective Preference*, University of Michigan Press.

Baker, K. M. (1975) *Condorcet: From Natural Philosophy to Social Mathematics*, The University of Chicago Press.

Balinski, M. and Laraki, R. (2007) "A Theory of Measuring, Electing, and Ranking," *The Proceedings of the National Academy of Sciences*. Vol. 104-21, pp. 8720–8725.

Balinski, M. and Laraki, R. (2011) *Majority Judgment: Measuring, Ranking, and Electing*, MIT Press.

Balinski, M. and Laraki, R. (2020) "Majority Judgment vs. Majority Rule," *Social Choice and Welfare*, Vol. 54, pp. 429–461.

Black, D. (1948a) "On the Rationale of Group Decision-making," *Journal of Political Economy*, Vol. 56, pp. 23–34.

Black, D. (1948b) "The Decisions of a Committee Using a Special Majority," *Econometrica*, Vol. 16, pp. 245–261.

Black, D. (1958) *The Theory of Committees and Elections*. McLean, McMillan, and Monroe (1998) に所収。

Black, D. (1976) "Partial Justification of the Borda Count," *Public Choice*, Vol. 28, pp. 1–15.

Black, D. and Newing, R. A. (1958) *Committee Decisions with Complementary Valuation*, McLean, McMillan, and Monroe (1998) に所収。

Blau, J. (1957) "The Existence of Social Welfare Functions," *Econometrica*, Vol. 25, pp. 302–313.

Boland, P. J. (1989) "Majority Systems and the Condorcet Jury Theorem," *The Statistician*, Vol. 38, pp. 181–189.

Borda, J.-C. de (1784) "Mémoire sur les élections au scrutin," *Histoire de l'Académie Royal des Sciences*, 1781, pp. 657–664. 英訳が McLean and Hewitt (1994) と McLean and Urken (1995) に所収。

Brams, S. J. and Fishburn, P. C. (1978) "Approval Voting," *American Political Science Review*, Vol. 72, pp. 831–847.

Brams, S. J. and Fishburn, P. C. (1983) *Approval Voting*, Birkhause.

Caplin, A. and Nalebuff, B. (1988) "On 64%-Majority Rule," *Econometrica*, Vol 56, pp. 787–814.

Cato, S. (2010) "Brief Proofs of Arrovian Impossibility Theorems," *Social Choice and Welfare*, Vol. 35, pp. 267–284.

Cato, S. (2012) "Social Choice without the Pareto Principle: A Comprehensive Analysis," *Social Choice and Welfare*, Vol. 39, pp. 869–889.

Coase, R. (1998) 書籍 McLean, McMillan, and Monroe (1998) の序文。

Condorcet, M. de (1784) "Sur les élections au scrutin," *Histoire de l'Académie Royal des Sciences*, 1781, pp. 31–34. 英訳が McLean and Hewitt (1994) と McLean and Urken (1995) に所収。

Condorcet, M. de (1785) *Essai sur l'application de l'analyse à la probabilité des décisions rendues à la pluralité des voix.* 原本のコピーが Chelfea Publishing Company により出版 (1972)。

Condorcet, M. de (1795) *Esquisse d'un tableau historique des progrès de l'esprit humain.* 邦訳に渡辺誠『人間精神進歩史　第一部・第二部』(1951 岩波書店) がある。

Coughlin, P. (1979) "A Direct Characterization of Black's First Borda Count," *Economics Letters*, Vol. 4, pp. 131–133.

d'Aspremont, C. and Gevers, L. (1977) "Equity and the Informational Basis of Collective Choice," *Review of Economic Studies*, Vol. 44, pp. 199–209.

Daunou, P. C. F. (1803) "A Paper on Elections by Ballot," McLean and Urken (1995) に所収の英訳。

Downs, A. (1957) "An Economic Theory of Political Action in a Democracy," *Journal of Political Economy*, Vol. 65, pp. 135–150.

Dummett, M. and Farquharson, R. (1961) "Stability in Voting," *Econometrica*, Vol. 29, pp. 33–43.

Farkas, D. and Nitzan, S. (1979) "The Borda Rule and Pareto Stability: A Comment," *Econometrica*, Vol. 47, pp. 1305–1306.

Feld, S. L. and Grofman, B. (1988) "The Borda Count in N-dimensional Issue Space," *Public Choice*, Vol. 59, pp. 167–176.

Fey, M. (2003) "A Note on the Condorcet Jury Theorem with Supermajority Rules," *Social Choice and Welfare*, Vol. 20, pp. 27–32.

Fishburn, P. C. (1974) "Paradoxes of Voting," *American Political Science Review*, Vol. 68, pp. 537–546.

引用文献 155

Fishburn, P. C. and Gehrlein, W. V. (1976) "Borda's Rule, Positional Voting, and Condorcet's Simple Majority Principle," *Public Choice*, Vol. 28, pp. 79–88.

Geanakoplos, J. (2005) "Three Brief Proofs of Arrow's Impossibility Theorem," *Economic Theory*, Vol. 26, pp. 211–215.

Gibbard, A. (1973) "Manipulation of Voting Schemes: A General Result," *Econometrica*, Vol. 41, pp. 587–601.

Greenberg, J. (1979) "Consistent Majority Rules over Compact Sets of Alternatives," *Econometrica*, Vol. 47, pp. 627–636.

Grofman, B. and Feld, S. L. (1988) "Rousseau's General Will: A Condorcetian Perspective," *American Political Science Review*, Vol. 82, pp. 567–576.

Grofman, B. and Owen, G. (1986) *Information Pooling and Group Decision Making*, JAI Press.

Grofman, B., Owen, G., and Feld, S. L. (1983) "Thirteen Theorems in Search of the Truth," *Theory and Decision*, Vol. 15, pp. 261–278.

Hammond, P. J. (1976) "Equity, Arrow's Conditions, and Rawls' Difference Principle," *Econometrica*, Vol. 44, pp. 793–804.

Hogg, R. V. and Craig, A. T. (1995) *Introduction to Mathematical Statistics*, 5th edition, Prentice Hall.

Hotelling, H. (1929) "Stability in Competition," *Economic Journal*, Vol. 39, pp. 41–57.

Kaneko, M. and Nakamura, K. (1979a) "The Nash Social Welfare Function," *Econometrica*, Vol. 47, pp. 423–435.

Kaneko, M. and Nakamura, K. (1979b) "Cardinalization of the Nash Social Welfare Function," *Economic Studies Quarterly*, Vol. 30, pp. 236–242.

Kelly, J. S. (1987) "An Interview with Kenneth J. Arrow," *Social Choice and Welfare*, Vol. 4, pp. 43–62.

Kemeny, J. (1959) "Mathematics without Numbers," *Daedalus*, Vol. 88, pp. 571–591.

Ladha, K. K. (1992) "The Condorcet Jury Theorem, Free Speech, and Correlated Votes," *American Journal of Political Science*, Vol. 36, pp. 617–634.

Levenglick, A. (1975) "Fair and Reasonable Election Systems," *Behavioral Science*, Vol. 20, pp. 34–46.

Malawski, M. and Zhou, L. (1994) "A Note on Social Choice Theory without the Pareto Principle," *Social Choice and Welfare*, Vol. 11, pp. 103–107.

Malkevitch, J. (1990) "Mathematical Theory of Elections," *Annals of the New York Academy of Sciences*, pp. 89–97.

May, O. M. (1952) "A Set of Independent Necessary and Sufficient Conditions for Simple Majority Decision," *Econometrica*, Vol. 20, pp. 680–684.

McLean, I. and Hewitt, F. (1994) *Condorcet: Foundations of Social Choice and Political Theory*, Edward Elgar Publishing Limited.

McLean, I., McMillan, A., and Monroe, B. L. (1998) *The Theory of Committees and Elections by Duncan Black and Committee Decisions with Complementary Valuation by Duncan Black and R.A. Newing*, Revised Second Editions, Kluwer Academic Publishers.

McLean, I. and Urken, A. B. (1995) *Classics of Social Choice*, The University of Michigan Press.

Mill, J. S. (1859) *On Liberty*. 邦訳に山岡洋一『自由論』(2011 日経 BP 社) がある。

Miller, G. A. (1956) "The Magical Number Seven, Plus or Minus Two: Some Limits on Our Capacity for Processing Information," *Psychological Review*, Vol. 63, pp. 81–97.

Miller, N. R. (1986) "Information, Electorates, and Democracy: Some Extensions and Interpretations of the Condorcet Jury Theorem," Grofman and Owen (1986) に所収。

Murakami, Y. (1968) *Logic and Social Choice*, Routledge. 邦訳に鈴村興太郎「論理と社会的選択」があり、『村上泰亮著作集 1』(1997 中央公論社) に所収。

Nanson, E. J. (1882) "Methods of Election," *Transactions and Proceedings of the Royal Society of Victoria*, Vol. 18, pp. 197–240. McLean and Urken (1995) に所収。

Nash, J. F. (1950) "The Bargaining Problem," *Econometrica*, Vol. 18, pp. 155–162.

Nitzan, S. (2010) *Collective Preference and Choice*, Cambridge University Press.

Nurmi, H. and Saari, D. G. (2010) "Connections and Implications of the Ostrogorski Paradox for Spatial Voting Models," Van Deemen and Rusinowska (2010) に所収。

Okamoto, N. and Sakai, T. (2019) "The Borda Rule and the Pairwise-Majority-Loser Revisited," *Review of Economic Design*, Vol. 23, pp. 75–89.

Ostrogorski, M. (1902) *Democracy and the Organization of Political Parties*, Macmillan.

Rae, D. W. and Daudt, H. (1976) "The Ostrogorski Paradox: A Peculiarity of Compound Majority Decision," *European Journal of Political Research*, Vol. 4, pp. 391–398.

Rawls, J. (1971 [1999]) *A Theory of Justice*, (1st [Revised] edition), Harvard University Press. Revised edition の邦訳に川本隆史・福間聡・神島裕子『正義論 改訂版』がある (2010 紀伊國屋書店)。

Rawls, J. (2001) *Justice as Fairness: A Restatement*, Harvard University Press. 邦訳に田中成明・亀本洋・平井亮輔『公正としての正義 再説』がある (2004 岩波書店)。

Roll, E. (1938) *A History of Economic Thought*, 1st edition, Fabor and Fabor Limited.

Rothstein, P. (1990) "Order Restricted Preferences and Majority Rule," *Social Choice and Welfare*, Vol. 7, pp. 331–342.

Rousseau, J.-J. (1762) *Du contrat social*. 邦訳に桑原武夫・前川貞次郎『社会契約論』(1954 岩波書店) と作田啓一『社会契約論』(2010 白水社) がある。Cole, G. D. H による英訳 *The Social Contract and Discourses* (1973 J. M. Dent & Sons Ltd) も参照した。

Saari, D. G. (1995) *Basic Geometry of Voting*, Springer-Verlag.

Saari, D. G. (2008) *Disposing Dictators, Demystifying Voting Paradoxes*, Cambridge University Press.

Saari, D. G. (2010) "From Black's Advice and Arrow's Theorem to the Gibbard-Satterthewaite Result," Van Deemen and Rusinowska (2010) に所収。

Sakai, T. (2015) "A Search for the General Will in a Spatial Model," *Japanese Economic Review*, Vol. 66, pp. 260 – -270.

Satterthwaite, M. A. (1975) "Strategy-proofness and Arrow's Conditions: Existence and Correspondence Theorems for Voting Procedures and Social Welfare Functions," *Journal of Economic Theory*, Vol. 10, pp. 187–217.

Sen, A. K. (1969) "Quasi-transitivity, Rational Choice and Collective Decisions," *Review of Economic Studies*, Vol. 36, pp. 381–393.

Sen, A. K. (1970a) *Collective Choice and Social Welfare*, Holden-Day. 邦訳に志田基与師 (監訳)『集合的選択と社会的厚生』(2000 勁草書房) がある。

Sen, A. K. (1970b) "The Impossibility of a Paretian Liberal," *Journal of Political Economy*, Vol. 78, pp. 152–157.

Schmeidler, D. and Sonnenschein, H. (1978) "Two Proofs of the Gibbard-Satterthwaite Theorem on the Possibility of a Strategy-proof Social Choice Function," *Decision Theory and Social Ethics*, Theory and Decision Library, Vol. 17, pp. 227–234, Springer.

Smith, J. H. (1973) "Aggregation of Preferences with Variable Electorate," *Econometrica*, Vol. 41, pp. 1027–1041.

Van Deemen, A. and Rusinowska, A. (2010) *Collective Decision Making*, Springer.

Wilson, R. (1972) "Social Choice Theory without the Pareto Principle," *Journal of Economic Theory*, Vol. 5, pp. 478–486.

Young, H. P. (1988) "Condorcet's Theory of Voting," *American Political Science Review*, Vol. 82, pp. 1231–1244.

Young, H. P. and Levenglick, A. (1978) "A Consistent Extension of Condorcet's Election Principle," *SIAM Journal on Applied Mathematics*, Vol. 35, pp. 285–300.

索引

あ

アロー (Arrow)　15, 29, 89

アローの不可能性定理
(Arrow's impossibility theorem)
15, 29, 90, 97, 129

アンスコムのパラドックス
(Anscombe's paradox)　78

一般意志 (volonté générale, general will)　23

オストロゴルスキーのパラドックス
(Ostrogorski's paradox)　77

か

改憲 (constitutional reform)　78

格差原理 (difference principle)　119

加重幾何平均 (weighted geometric mean)　124, 146

加重和 (weighted sum)　146

完備性 (completeness)　92

危害原則 (harm principle)　130

幾何平均 (geometric mean)　124, 146

基準化 (normalization)　125

ギバード゠サタスウェイト定理
(Gibbard-Satterthwaite theorem)
81, 82

基本構造 (basic structure)　119, 131

逆独裁者 (inverse dictator)　104

グレード (grade)　136

啓蒙思想 (Lumières, Enlightenment)　18

結果の逆変化 (non-monotonic reversal)　72

決選投票付き多数決 (runoff rule)　50

原初状態 (original position)　119

厚生主義 (welfarism)　114

効用 (utility)　113

効用の個人間比較 (interpersonal comparison of utility)　114

公理化 (axiomatization)　110

功利主義基準 (utilitarian criterion)
116, 124

コンドルセ (Condorcet)　17, 25, 30, 40, 42, 47, 75, 90, 97

コンドルセサイクル (Condorcet cycle)
22, 107, 109
コンドルセの方法 (Condorcet's rule)
22, 95

さ

サイクル (cycle) 22, 79
最尤法 (maximum likelihood
method) 25, 43
実証政治理論 (positive political the-
ory) 2, 68
社会契約論 (Du contrat social, The
Social Contract) 7, 23
社会厚生 (social welfare) 113
社会厚生基準 (social welfare crite-
rion) 113, 146
社会状態 (social state) 113
社会的順序関数 (social ordering func-
tion) 127
自由主義のパラドックス (liberal para-
dox) 129, 131
集約ルール (aggregation rule, social
ordering function) 19, 49, 92
順序組全体上で定義されている (uni-
versal domain) 92
準推移性 (quasi-transitivity) 109
信任投票 (vote of confidence) 134
推移性 (transitivity) 92
スコアリングルール (scoring rule) 20,
58, 59, 61
正の感応性 (positive responsiveness)
110
絶対評価 (absolute evaluation) 133
是認投票 (approval voting) 52, 133

全員一致 (unanimity) 53
選択ルール (choice rule) 81
戦略的操作 (strategic manipulation)
16, 73, 135, 139
戦略的操作への脆弱性 (vulnerability
to strategic manipulation) 72

た

大数の弱法則 (weak law of large num-
bers) 28, 35
耐戦略性 (strategy-proofness) 74, 81
多数決 (plurality rule) 109
単峰性のもとでの可能性定理 (possi-
bility theorem under singlepeaked-
ness) 108
単峰的 (single-peaked) 65, 106
単峰的な順序組の全体上で定義されて
いる (single-peaked domain) 107
逐次消去ルール (sequential elimina-
tion rule) 50
中位 (median) 67, 106, 138
中位グレード (median grade) 138,
141
中位選択肢 (median alternative) 67
中位投票者 (median voter) 106
中位投票者定理 (median voter theo-
rem) 67, 69
中位ルール (median rule) 72, 81
中立性 (neutrality) 110
独裁者 (dictator) 81, 97, 128
独裁制 (dictatorship) 81, 87
匿名性 (anonymity) 110

な

ナッシュ基準 (Nash criterion)　116, 124

二項独立性 (binary independence, pairwise independence, independence of irrelevant alternatives)　95, 127

は

陪審定理 (jury theorem, Condorcet jury theorem)　28, 33, 35, 36

パレート原理 (Pareto principle)　117

非独裁性 (non-dictatorship)　97, 128

ブラック (Black)　25, 33, 50, 52, 63, 89, 90

ペア全勝者 (pairwise majority rule winner, Condorcet winner)　19, 47, 50, 54, 63, 89

ペア全敗者 (pairwise majority rule loser, Condorcet loser)　9, 50, 71

平均得票率 (average share of the vote)　56

ボルダ (Borda)　7, 49, 63

ボルダ勝者 (Borda winner)　9, 51, 75

ボルダ得点 (Borda score)　9, 75, 93

ボルダルール (Borda rule)　9, 49, 75, 94

ま

マキシミン基準 (maximin criterion)　118

マジョリティ・ジャッジメント (majority judgment)　133

満場一致 (unanimity)　15

満場一致性 (unanimity, weak Pareto principle)　81, 82, 93, 127, 131

峰 (peak)　64, 65, 106

無為 (null)　104

無知のヴェール (veil of ignorance)　119, 131

メイの定理 (May's Theorem)　109, 110

メカニズムデザイン (mechanism design)　2, 75

や

ヤングの方法 (Young's rule)　45

ら

ルソー (Rousseau)　7, 30

レーティング (rating)　123, 146

レーティング方式 (rating method)　123

レキシミン基準 (leximin criterion)　120

ロールズ (Rawls)　118, 131

64 パーセント多数決ルール (64-percent majority rule)　80

坂井豊貴（さかい・とよたか）

慶應義塾大学経済学部教授。米国ロチェスター大学経済学博士課程修了（Ph.D.）。合同会社坂井豊貴事務所 代表、プルデンシャル生命保険株式会社 社外取締役。

主な著書と論文
『決め方の経済学』（ダイヤモンド社 2016）
『多数決を疑う ──社会的選択理論とは何か』（岩波新書 2015）
『マーケットデザイン ──最先端の実用的な経済学』（ちくま新書 2013）
"Preference Manipulations Lead to the Uniform Rule" *Journal of Economic Theory*（2024, with Olivier Bochet and William Thomson）
"Limit Representations of Intergenerational Equity" *Social Choice and Welfare*（2016）
"Non-Manipulable Division Rules in Claim Problems and Generalizations" *Journal of Economic Theory*（2007, with Biung-Ghi Ju and Eiichi Miyagawa）

新版 社会的選択理論への招待
──投票と多数決の科学

2013 年 11 月 25 日　第 1 版第 1 刷発行
2025 年 4 月 10 日　新版第 1 刷発行

著　者	坂　井　豊　貴
発行所	株式会社 日本評論社
	〒170-8474 東京都豊島区南大塚 3-12-4
	電話　（03）3987-8621［販売］
	（03）3987-8599［編集］
印　刷	三美印刷 株式会社
製　本	株式会社松岳社
カバーイラスト	市川春子
装　幀	淵上恵美子

JCOPY 〈（社）出版者著作権管理機構 委託出版物〉
本書の無断複写は著作権法上での例外を除き禁じられています。複写される場合は，そのつど事前に，（社）出版者著作権管理機構（電話 03-5244-5088，FAX 03-5244-5089, e-mail: info@jcopy.or.jp）の許諾を得てください。また，本書を代行業者等の第三者に依頼してスキャニング等の行為によりデジタル化することは，個人の家庭内の利用であっても，一切認められておりません。

Ⓒ Toyotaka SAKAI 2013, 2025　　　　Printed in Japan
ISBN978-4-535-55926-4

入門 ゲーム理論と情報の経済学

神戸伸輔[著]

現代の経済現象を理解する上で欠かせないゲーム理論と情報の経済学の両方をまとめて1冊で解説。難しい数式抜きに体系的に学べて、練習問題で理解度をチェックできる。説明のわかりやすさはピカイチ。

■A5判 ■定価2,750円(税込) ISBN978-4-535-55414-6

マッチング理論とマーケットデザイン

小島武仁・河田陽向[著]

学生と大学、研修医と病院、子どもと保育園──効率よく、公平に引き合わせるにはどうすればよいのか。世界トップの研究者がロジックを丁寧に解説する。

■A5判 ■定価2,200円(税込) ISBN978-4-535-55935-6

◎日評ベーシック・シリーズ

NBS ゲーム理論

土橋俊寛[著]

ゲーム理論の考え方を分かりやすく解説し、現実の問題へと応用できるようになることを目指したテキスト。経済学部1、2年生向け。

■A5判 ■定価2,420円(税込) ISBN978-4-535-80612-2

日本評論社
https://www.nippyo.co.jp/